커피와 사약

세종마루시선 002

커피와 사약

2024년 6월 30일 초판 1쇄 발행

지은이 김백겸
펴낸이 윤영진
기획 이은봉 김백겸 김영호 최광 성배순
홍보 한천규
펴낸곳 도서출판 심지
등록 제 2003-000014호
주소 34570 대전광역시 동구 대전천북로 12
전화 042 635 9942
팩스 042 635 9941
전자우편 simji42@hanmail.net
ⓒ김백겸 2024
ISBN 978-89-6627-257-0 03810
* 저자와의 협의에 의해 인지를 생략합니다.
* 이 책 내용의 전부 또는 일부를 재사용하려면 저자와 심지 양측의
  동의를 받아야 합니다.
* 이 책은 세종특별자치시와 세종시관광문화재단의 후원으로
  발간되었습니다.

세종마루시선

002

커피와 사약

김백겸 시선집

시인의 말

  늙은 학인이 등단 이후 상재한 8권의 시집과 최근 발표한 시 중 남기고 싶은 시들을 모아 시선집을 묶는다. 40년 결산이 시집 한권 분량이라니 성적표가 초라하다. 재사才士는 시집 한권으로 문학사에 이름을 남기는데 범사凡士는 각고의 시행착오 끝에 시집 한권을 남기는 비애.

2024년 초여름
김백겸

차례

005 시인의 말

1.

014 기상예보
016 비를 주제로 한 서정별곡
018 네거리에서

2.

022 가을 생각

3.

026 페르소나–갑옷
028 호두의 안과 밖
030 북소리
032 무궁화 생각
034 벌레

4.

036 비밀 방
038 횃불
039 산수화
040 가을 예언
042 스카이 라이프
044 음악치료
046 프로의 고통
048 봄비
049 낙화유수 落花流水
050 사중창 四重唱
052 기쁜 달
054 원자력병원의 새벽
055 주식회사 별
056 고속도로
058 안개-꿈
060 시간의 눈물

5.

064 비밀정원
066 가면 놀이
068 테미오래 공원–도지사관사
070 텔레파시–안테나
072 빛 물고기
074 CD플레이어
075 황금도시
078 괴물들
080 점단 占斷
082 러브호텔
084 불안한 사랑
086 전등
088 공중 마차
090 벌레 환상
092 키스 마크
094 밤의 몽상–나비 침묵

6.

098　고양이 눈 속의 고양이
100　채송화
102　불안과 행복 사이
104　견본담채絹本淡彩–서울
106　여미지 식물원
108　시 숲
111　아름다움을 위한 병고病苦
112　진홍빛 폐허
113　제주올레길
114　생명나무와 뱀
116　기호의 고고학
118　세포 도시
120　Demeter–대지의 열락悅樂
122　마법 피리–만파식적萬波息笛
124　거미 신화

7.

128　푸른 장미–이데아
129　개망초꽃–부적符籍
130　컬럼비아산 커피
131　교차로에서–산책가의 방황
132　매트릭스matrix–창세기
134　거울아, 거울아
135　출판 공장–책의 광택
136　불 꺼진 마을–소비 사회
138　대전시 중구 대흥동 326번지
141　신데렐라, 신데렐라

8.

146　지질 시간 rewriting
149　홍루몽紅樓夢과 out of africa
155　창백한 달–포세이돈의 인장印章
156　코스모스–태양의 딸들
157　길고양이는 유령처럼 길 한가운데 앉아 있다

158 밤하늘 눈썹에는 눈물 같은 별들
159 붓 천 자루에 벼루 백 개
160 동창東窓과 동창凍瘡 사이
162 목포의 눈물
164 이집트 환상
169 로미오의 꿈―칼리 여신을 사랑함

9.

176 커피와 사약
178 꿈과꿈―목포 해상케이블에서 백운동 원림까지
182 춘차국春車菊―기생초 몽상
184 대전 부르스―세월이 보낸 폭풍
188 호랑이 토템 몽상
190 사의찬가―별유천지 비인간別有天地 非人間
191 사의찬가―염라대왕의 CCTV

자선 시론

195 계전오엽이추성(階前梧葉已秋聲)

〈일러두기〉

* 본문에서)는 '단락 공백 표시'로 한 연이 새로 시작된다는 표시이다.

1.

기상예보

하늘 흐리고 안개 낀 숲엔 우울이 내려와 있음
구름에 갇힌 빛살들
허공에 날개 자국을 긋고 가는 멧새
모두 표정을 남기고 있지 아니함
길 잃은 고아처럼 서서 플라타너스는 적막을 날리고
풀씨로 흩어진 슬픔은 북북동에서 북북서로 방향을
바꿈
폐부로 흘러드는 저기압의 음모
백마일 밖 한랭전선은 풀잎들의 잠 뿌리 뽑을
폭풍을 몰고 오는 중임

지금은 모든 사랑이 위험함
외투를 걸친 우리의 꿈
방독면을 쓴 채 큰길로만 다님
골목마다 비수를 품고 매복한 어둠
시간들의 휘파람 대꼬챙이로 눈 찔러 오는 저녁
지금은 모든 생각이 위험함
문 닫고 굳게 빗장을 지른 거리의 불빛들
창틈을 엿보는 소문과 함께

얼굴 까맣게 죽는 지금은
모든 그리움이 위험함

찬비가 내림
우산을 들고 사람들은 사람을 비껴감
낯선 총을 멘 겨울의 척후병들이 요소요소 서 있고
바이칼 호수를 지나 시베리아 삼림을 막 빠져나온
러시아의 절망도 보임
공중엔 바람의 채찍 가득해
두려움에 야윈 나목들의 어깨 더욱 가늘고
겨울잠에 젖어 봄날을 꿈꾸는 개나리 새 눈
소롯이 숨결에 싸여 있는
한 개피 성냥으로 남겨놓은 최후의 불꽃임

비를 주제로 한 서정별곡

　바위를 베고 누워 나무뿌리와 금광석에 닿는 꿈 꾸는 물줄기의 잠이다
　목마른 풀잎 끝 적시는 시간의 어둠이다
　화단 가에 자욱한 안개로 피어오르는 비는 애기씨꽃나무 잎새를 두드리는 어둠이다

　허리의 통증-신열身熱 몇 개를 제련하여 얻어낸다
　산 너머 바다에 몰려 있는 구름 떼가 흐르려 하는 힘의 향방을
　숲속 어둠의 눈썹 떨리게 하며 멥새 날개 가만히 접게 하는 이상한 느낌을
　지상에서 하늘까지 레이다 안테나를 세우면 걸린다
　적란운들의 군단과 함께 온 폭풍의 꿈
　송전탑 전선들을 건드리는 빗방울
　불안의 손톱 밑을 후벼 파서 신경을 불태운다

　사랑, 흐르지 않아도 언제나 흐르는 물줄기
　열쇠를 가지고 숲의 문 열면 심장에 흘러드는 비가 보이고

물오른 애기씨꽃나무
장작불로 살아 오르는 꽃망울의 숨결이 보인다
꿈-비가 내리지 않아도 언제나 바닥까지 생을 적시는 빗줄기

네거리에서

신호등에 걸려 행인들은 시간을 기다려야 했다
입학과 취직을 그리고 결혼을 기다려야 했다
사랑하는 사람에게 편지를 부치고
그 사랑이 스탬프가 찍혀 다시 돌아오는 것도 기다려만
한다고 오후의 하늘은 말하고 있었다

거리에 붙은 간판처럼, 다르지만 똑같은 얼굴을 하고
서서 행인들은 아직 건너지 못한 길 저편을 바라보았다
 건너 손에 쥐어야 할 꿈, 진실, 영원에 대한 단서가 길
건너편에 있는 것처럼

기다리는 시간을 비집고 기다릴 필요가 없는 겨울바람
과 가로수 잎, 마른 햇살이 떨어지는 것을 바라보면서
 길 건너편 행인들도 이쪽을 쳐다보았다

이윽고 파란 불이 켜져 행인들은 횡단보도를 건넜다
 길 하나를 건너서 또 다음 신호등에 걸린 행인들은 도
시문화의 기다림에 익숙해져
 이제는 죽음마저도 기다릴 수 있을 것처럼 미래를 바라

보았다

　길 건너편을, 언제나 건너서 만나야 하는 자신들의 영원을

2.

가을 생각

쥐똥나무 이파리는 수런거리는 기쁨으로 흔들린다
은행나무 향기에 취한 바람은 햇빛에 심장을 내비치며 걸어온다
구름의 피가 하늘에 가득 번지는 늦가을 오후
산보자는 화강암의 침묵이 반들거리는 아파트 보도블록 위를 걸어간다

조용해라
무심히 지나가는 나비의 숨소리가 가슴에 닿고 있는 이 세상
어디서 술래로 숨었다가 옷자락을 잠깐 보여주는지
시간의 비단길은 건물 모퉁이를 돌아 길다랗게 뻗어가고
산보자는 무릎을 쉬어 구내 벤치 위에 앉는다

저 멀리서 어린 날이 양철통을 메고 걸어온다
시골 동구 밖 시냇가 그때 그 자리로부터 너무도 멀리 걸어온 길
예기치 않은 소식을 가지고 오는 우편배달부처럼 향수

는 자전거를 타고 와서 편지를 전한다

  우리는 모두 오고 가는 길손들
  잠시 쉬어서 보는 이 세상의 조용한 풍경 한가운데
  쥐똥나무 이파리는 돌아가는 시간의 구두 뒤축에서 향기로운 꿈으로 흔들린다

3.

페르소나-갑옷

장군이 입은 갑옷 한 벌을 나, 소원하였다
적으로부터 나를 안전하게 보호할 수 있는 든든한 빽이라 여겼으므로

갑옷을 입으면 내 정신이 위엄을 갖추게 되고, 몸은 투명한 신비에 싸여 창과 칼도 운명을 피해가리라 꿈꾸었으므로

갑옷을 갖기 위해 나, 학문과 지식을 단련하였다
예술과 철학을 합금한 강철로 갑옷을 해 입으면, 훈장처럼 눈부신 갑옷에 사람들이 모두 감명을 받으리라 오해했으므로

그 갑옷 속에서 환갑을 넘긴 내 몸이 비명을 지른다
갑옷을 벗고 싶어도 벗지 못한다
갑옷이 나를 대신해 사람들과 악수하고 저 홀로 인생을 살아가므로
갑옷이 스스로 위엄을 갖추고 창과 칼도 운명을 피해가는 영광을 꿈꾸고 있으므로

갑옷이 나를 대신해 죽음까지 가는 십만 팔천 리 길을 걸어가므로

호두의 안과 밖

호두 씨 안에서 생명은 무엇을 꿈꾸나
충분한 영양과 온도, 견고한 껍질에 의지해 만족한 잠을 자는 것으로 행복한가

호두의 밖엔 김 씨의 열 손가락이 있고 호두를 굴려 원운동을 시키고 있다
지구 밖엔 태양계가 있고 태양계 밖엔 은하계가 있어
우주는 은하계를 굴리고 은하계는 태양계를 굴리고 태양계는 지구를 굴려 끊임없이 놀고 있다

김 씨도 지구 안에서 행복한가
아이가 엄마의 자궁 안에서 천국을 느끼듯 햇빛과 공기, 바다와 숲속에서…… 요람을 흔드는 손길을 느끼며

우주의 에너지로 사는 인간은 모두 우주의 자식들
인간은 아버지 우주에게 몸을 기대어야 행복한가 보다
결코 마르지 않는 생명의 양식을 벌어다 주므로
그래서 사람들은 눈에 보이지 않는 아버지를 찾아 큰 그림을 그려놓고 끊임없이 행복을 기도하나 보다

〉

 호두를 굴리면 달그락거리는 소리가 난다
 소리, 파장이라는 에너지의 가청주파수 대역—흔들리는 에너지 파동을 귀로 들으며 호두의 존재 울음을 가만히 심장으로 느껴 보지만

 지구를 돌리는 소리는 누가 들을까
 김 씨도 호두를 굴려 무료한 시간을 보내는 것처럼 우주도 심심해서

북소리

 큰 뜻이 푸른 대나무 숲으로 우거져 있다는 세상의 마을을 향해 우리는 대문을 열고 힘찬 발걸음으로 세상에 나왔으나
 같이 걷던 동료들 하나둘 다른 길로 헤어져 가고 나는 숲속 이상한 길을 걷고 있네

 이정표의 글자가 지워지기 시작하고 먼 山에 걸린 어둠이 병풍처럼 사방에 둘러질 때
 발이 아프고 마음은 무섭게 외로워지네

 내가 왜 이 길을 잘못 들었나 생각해 보지만
 그 이유는 아마 내가 늘 남과 달리 다른 북소리를 듣고 있었기 때문
 홀로 남겨짐을 누구에게 원망할 수도 없네

 북소리는 마음속에 천천히 천천히 울려 퍼지며 남보다 한 발짝 늦게 가라고 속삭이네
 노을이 산허리 바위를 붉게 물들이는 모습과 가문비나무들이 팔 벌려 흰 새를 불러들이는 풍경을 마음에 새겨

가라고 말하네

  눈을 감고 북소리를 따라 걸어가네
  기운이 다하기 전에 마을에 이를 것을 기도하면서
  북소리가 끊어질까 두려울 때마다 북소리는 다시 커져 내 발길을 재촉하네

  내가 왜 이 길을 잘못 들었나 생각해 보지만
  그 이유는 아마 내가 늘 남과 달리 다른 북소리를 듣고 있었기 때문
  홀로 남겨짐을 누구에게 원망할 수도 없네

무궁화 생각

무궁화가 비에 젖었습니다.
카-오디오에서는 호프만의 뱃노래가 흘러나오고요
곤도라를 타는 베니스의 연인들을 눈에 그리며
물을 머금어 생생히 빛나는 무궁화 꽃들을 보며
붉은 뺨으로 아름답던 몽상 학인의 청춘을 생각했습니다.

지금은 사진 액자 속에 갇혀 있는 청춘이여
새로 돋은 풀잎과 무궁화나무들의 배경 속에 영원처럼 물러서 있는 당신은
출구가 보이지 않는 고속도로를 달리고 있습니다.

긴 이야기를 담은 편지와 같은 내 생이 서랍에서 무거운 유폐 속에 잠겨 있는 동안
시간은 결혼을 하고 아이를 낳아서 백화점마다 가득한 눈부신 욕망을 키워 냈습니다.

현재의 위치를 묻는 휴대폰의 신호음이 비에 풀려 물감처럼 번지고 있고

구원을 받지 못한 메시지가 긴 슬픔과 함께 자동응답기에 갇혀 있는 동안

 몽상 학인의 마음은 어느새 늙어 병들었고 이젠 더 이상 원하는 욕망이 없습니다
 창밖엔 하염없는 비가 오고 무궁화 나무들은 바람에 백년 잠을 날리고 있습니다

벌레

 바위를 깼더니 벌레가 나온다
 벌레가 나온 구멍 속에 너와 나의 깊은 약속을 묻는다

 약속이 이 벌레에게 물어뜯겨 흔적도 안 남을 때까지

 벌레, 시간의 딸들, 등허리를 기어오르는 슬픈 아침 햇빛
떼고 또 떼어도 수술 자국 사이로 비집고 들어와 내 심장을 물어뜯는 다리가 열둘인 사랑

 벌레가 비명을 지른다.
 젓가락으로 집어 물 위에 떠내려 보내는 운명이 징그러운 듯 얼굴을 찡그린다

 내 마음이 정을 들어 바위를 깬다
 바위 속에 사는 수많은 벌레가 살아나도록
 너와 나의 약속을 벌레가 모두 먹어 이승에 흔적을 남기지 않도록

4.

비밀 방

하늘의 구름 밖에도
태양이 들지 않는 바다의 심연에도
구중궁궐처럼 겹겹이 쌓인 산의 계곡에도
당신의 눈으로부터 벗어날 내 작은 비밀의 방은 없습니다

내가 기러기로 날아가면 당신은 구천의 봉황으로 날아오릅니다
내가 심해상어로 잠수하면 당신은 천년세월의 문어로 다가옵니다
내가 숲으로 숨는 여우이면 당신은 불타는 눈의 호랑이로 뒤를 밟습니다

전생에 자물쇠를 만들어 과거를 유폐시켰더니 당신은 시간으로 열쇠를 만들어 문을 엽니다
후생에 교도소를 세우고 현생의 인연을 가두었더니 당신은 출소만기통지서를 가지고 와서 업의 사회로 석방합니다
〉

당신의 행복한 손님이 됩니다

내가 당신이자 당신이 나인 브라만의 왕궁에 초대를 받았습니다

내가 황금시대로 도망가면 당신은 철의 시대 문을 열고 나오는 거실에는 긴 세월이 탄생과 죽음의 술래잡기를 합니다

당신의 관심을 피할 수 있는 작은 비밀의 방이 없습니다

횃불

목련이 돋아나고
산수유가 피어나고
벚꽃이 불을 터뜨리기 시작해서

갑자기 봄이 무서워졌다
겨울이 히말라야 만년설처럼 녹지 않는 마음인 줄 알았더니
눈물을 흘리는 눈사람처럼
시간이 저절로 녹아서 나무들의 뿌리와 줄기로 흘러가더니
희고 노랗고 붉은 횃불을 든
이 모든 꽃의 혁명이 무서워졌다

그 미묘한 신호와 암시에 중독된
검은 운명의 인생보다도 정말로 무서웠던 것은

겨울이면서 봄이면서 여름이면서 가을인 당신
나무이면서 꽃이면서 잎이면서 열매인 당신
꽃들의 환한 시간 속에서 내 얼굴을 들여다보는 당신

산수화

　연초록 어린나무는 그늘이 어두운 큰 나무 그늘 아래 더욱 빛나고
　녹음이 가득한 앞산은 저 멀리 물러선 흰 산의 배경으로 더욱 어둡습니다

　배를 타고 가는 어부로서의 제 운명이
　먼 그림 속 한 점 낙엽처럼 아름다워 보이겠지요

　천지불인天地不仁의 마음으로 한세상을 쳐다보실 당신에게 말씀드리오니
　어부가 노를 젓기 위해 온 힘을 다 바치고 있습니다
　강물의 물살은 점점 급해져 배의 수평이 한없이 위태롭습니다

　그림자가 아직 추운 봄 새벽 태양을 향해서
　황혼이 붉은 비단으로 깔린 가을 저녁 바다를 향해서
　산수山水에 갇힌 꿈속의 어부가 길 없는 길을 가고 있습니다

가을 예언

낮잠을 자는 인생의 오후에 까치가 몰려와 아우성을 치는군요
창밖에 단풍나무 잎사귀들이 자욱이 떨어졌습니다
하늘에 양떼구름들이 동에서 서로 은하수처럼 뻗어 있고요
바람은 목자의 지팡이를 지나 초원을 가로지르고 있네요
날개를 펴지 않은 예언들이 수리부엉이처럼 소나무 숲 푸른 가지 위에 쉬고 있습니다

운명이여
당신이 나에게 사랑을 말씀하는 날
하늘의 한 귀퉁이가 무너져 별들이 지상에 내려앉고
바다는 해일을 일으켜 내 평화로운 인생을 폐허로 만들겠지요
지축이 뒤집혀진 시간들이 새 영토의 권리를 주장하며 면류관을 쓰겠지요

그러나 아직은 폭풍의 전야처럼 세상이 평화롭고요
징조와 기미는 산 너머 흐린 산으로 물러서 있습니다

길흉이 봉인된 점괘가 때가 익어 붉은 감처럼 허공에 걸렸는데
　언제 이 두려운 계고장이 등기우편으로 도착할지
　숨죽인 기쁨이 전전긍긍 가을 나들이를 나서고 있습니다

스카이 라이프

위성안테나는 뉴스와 드라마를
가문비나무는 햇빛의 기쁨과 바람의 불안을
까치들은 벌레들의 울음과 몸 향기를
흰 구름은 하늘의 푸른 생각들을

수신하지요

지치지 않고 받아들여 지상에 전도하지요
구원의 메시지를
사람들의 마음에 무늬로 닿은 후
저 먼 시간의 바다까지 번지고 있는 열망을

휴대폰을 열어 송신하지요

레스토랑에 금강이 보이는 좌석 예약을
식탁에 장식할 수선화 꽃 배달을
당신에게 보내는 저녁 약속을

하늘에 지워지지 않는 무늬로 끝없이 퍼져

이제는 취소할 수도 없는 사랑의 말씀을

음악치료

모차르트를 들려주면 꽃들이 예뻐지고
바흐를 들려주면 나무들이 잎을 피우고
교향악을 들려주면 숲이 춤을 춥니다

梅
蘭
菊
竹

봄 여름 가을 겨울의 음악을 듣고 자란 사군자가
오늘은 내 마음을 위해 사중주를 연주합니다

인간을 위해서는 사군자가 있지만
당신을 위해서는

地
水
火
風

〉

  우주의 악사가 오늘도 그치지 않는 연주를 하고 있습니다

  대지 위에 바다와 태양과 바람의 춤이 그 발자국을 남기고 있습니다

프로의 고통

프로는 고통을 참으며 듣는다

연주를
아마추어가 헛손질하고 있는 음악을

음정은 놓치고
박자는 어긋나고
무엇보다도
작곡자의 깊은 감정을
제멋대로 왜곡하고 있는 둔한 감수성을

프로는 고통을 참으며 읽는다

글을
아마추어가 얼기설기 엮은 상상력을

주어도 때로 안 보이고
비유도 적절치 않고
무엇보다도

주제의 내용을
자신도 모른 채 쓰고 있는 빈약한 사유를

신은 고통을 참으며 본다

인생을
아마추어가 길도 모르고 가는 마라톤을

이정표도 놓치고
정신없이 앞사람만 쳐다보고
무엇보다도
터미널에 죽음이 기다리는 줄도 모르고
젖 먹던 힘을 다해 달리고 있는 어리석음을

봄비

 겨울나무들의 잠에 불 지피고 싶어 봄비는 내렸다

 겨울나무 사이 미처 꺼지지 않는 새벽 가로등이 오렌지 꽃 등을
 오래오래 켜고 있도록

 봄비가 심장으로 흘러들어 몸이 뜨거워지는 새해를
 겨울나무는 가만히 보고 있었다

 봄비가 기름으로 내려 하늘과 땅에는 불빛이 가득했다

낙화유수 落花流水

아침에 마신 커피가 어제의 쓰디쓴 기억을 달래고
저녁에 마신 와인이 오늘의 깊어진 상처를 소독하고
한밤중에 마신 맹물이 내일의 불확실한 갈증을 미리 예비하는

내 하루가 강물처럼 흘러갔다

죽음이 불만인 삶처럼
아폴로를 떠나보낸 다이아나의 가슴처럼
재회를 약속하지 못한 시간들의 불타는 발자국처럼

내 인생이 흘러갔다

사중창四重唱

소프라노
알토
테너
베이스

꽃은 소프라노로 노래하고
나무는 알토로 노래하고
강은 테너로 노래하고
산은 베이스로 노래한다

악보는 천지 사이에 걸쳐 있는 시간과 공간
지휘자는 연미복을 입은 하늘님
관중은 사무실 창밖으로 눈을 돌린 내 마음

사중창이
하늘과 땅 사이를 흐른다

꽃은 붉은 향기로
나무는 푸른 잎으로

강은 맑은 바닥의 구름으로
산은 깊은 계곡의 어둠으로

부르는 노래가
그대 가슴 속 소리굽쇠에 닿는다

기쁜 달

물속에
어두운 황혼 속에
조용한 숲속에

개가 짖었으나 달은 움직이지 않았다
바람이 불었으나 달은 움직이지 않았다
기차가 지나갔으나 달은 움직이지 않았다

그렇게 당신의 사랑도 움직이지 않았다

봄
여름
가을
겨울이 가고

한해
십년
백년
천년이 흘러가서

〉
연인들의 유골이 모두 흙으로 돌아갈 때까지
연인들이 있었던가 하는 기억도 모두 없어질 때까지

달의 아름다움만 스스로 빛났다

물속에
어두운 황혼 속에
조용한 숲속에

원자력병원의 새벽

고층아파트 건물에는 꺼지지 않은 창들이 흰 별 몇 개로 떠 있고
숲길 어둠에는 꺼지지 않은 가로등이 오렌지 별 몇 개로 떠 있고

영빈관 침대에서 홀로 깨어
나도 어둠을 지우지 못한 별 하나로 떠 있고

암에 걸린 환자들이 남은 생을 별처럼 바라보는 이 적막 속에서
창가에 또 하루가 오는 발자국을 모두 귀 기울여 듣고 있고

주식회사 별

낙타가 사막을 걸어 혹에 실은 물과 굳기름을 다 사용하는 동안
기러기들이 공중을 날아 먼 이국의 땅으로 둥지를 옮기는 동안
산국화들이 꽃을 피워 바람에 향기를 흩날리는 동안
연어가 강을 거슬러 올라 고향에 마지막 육신을 묻으러 가는 동안

하루는 무엇을 했지
한 달은 또 어떻게 달력을 넘겼지
일 년은 어떤 그림으로 계절을 채워나갔지
일생은 어떤 결과를 위해 마라톤을 달려나갔지

나도 모르고 당신도 모른다
하늘도 모르고 땅도 모른다
기쁨을 하인으로 부리고 있는 슬픔도 모른다
시간을 판매하는 주식회사 별도 저희가 무슨 일을 하는지 모른다

고속도로

고속도로 휴게실에서 나를 향해 웃음을 보낸
운명을 태우고
시동을 건 순간

내 차는 이미
가야 할 목적지에서
십만 팔천 리나 벗어나 있었다

그 웃음이
지루한 인생을
한순간에 무너뜨리는 대신
다음 생에 두고두고 갚아야 할 큰 빚의 계약서에 찍힌
숫자이었음을

먼길을 와서야
알았으나

누가 인생을 예측할 수 있겠는가
〉

헤어진

운명에 대한 그리움을

나를 향해 웃던 신비한 미소를

고속도로 휴게실에서

문득문득 찾고 있는

이 슬픔을

안개-꿈

안개 속에 들어가 꿈이 되었다
안개와 키스해 내가 안개가 되었다
안개의 깊은 몸을 열고 안개 속으로 들어갔더니
불타버리다 만 인연들이 여기저기 숯검정으로 널려있었다

너는 안개를 걷어 꿈을 깨고 싶다고 말한다
분명하지 않은 위치와 거리에 있는 나무들과 길들과 이정표들이 불안하다고 말한다
살아 있는 것도 아니요 죽어 있는 것도 아닌 황혼의 틈새 같은 현재가 불안하다고 말한다

안개가 바로 시간임을 모르겠느냐
꿈이 깨면 시간도 사라진다
안개를 거두어 보라
태양의 밝은 힘 아래 드러나는 것은 숲의 그림자뿐
감시카메라를 달고 현실을 들여다보는 죽음의 검은 눈초리뿐
〉

이미 황혼에 이른 너와 내가 숨을 공간은 어디에 없다
숯검정에 불을 붙여도 다시 타오를 저녁의 시간이 없다

안개가 바로 불타는 사랑이요 꿈임을 모르겠느냐

시간의 눈물

유리창처럼 맑은 시간이 있고

시간 저편에는 도로와 건물이 조직 세포처럼 피어 있는 도시가 있고
자동차와 직장인과 물건들이 일개미처럼 들락거리게 하는 자본–시스템이 있다

시간 이편에는
생각과 꿈들이 구름처럼 피었다가 무너지는 뇌가 있고
산소와 피가 신경전달물질들이 나뭇잎의 수액처럼 흘러드는 자아–시스템이 있다

유리창처럼 맑은 시간 때문에

시스템들은 서로를 보고 있으나 서로 나뉘어져 있으며
그 둘은 하나가 꺼지면 나머지도 따라서 꺼지는 자동 조명
시간은 한 번도 맑은 유리창임을 스스로 포기해 본 적이 없다

〉
경계가 허물어지는 때가 딱 한번 있었다

유리창처럼 맑은 시간에 눈물이 한 방울 맺혔을 때
시간을 굴절시켜
시간의 저편과 이편을 구분하지 못해
시스템들이 서로 당황해하는 이상한 경험이 발생했다

자아–시스템이 마음속에서 스스로 일어나는 빛을 주체하지 못했을 때
자본–시스템이 제도 속에서 스스로 발생한 어둠을 억누르지 못했을 때
너와 내가 하나라는 사랑의 경험이
폭풍 같은 기쁨을 불러왔을 때

5.

비밀정원

정원의 입구가 드러났다
입구 안에는 황금사과가 새벽의 어둠 속에서 빛났다
곧 사라질 신비를 향해 심장이 두근거렸고
발걸음을 멈춘 내 발길을
늙은 역사가 호기심으로 쳐다보았다
늙은 역사가 내 뒤를 따르면 비밀은 새 이름을 지울 것이 분명했다
정원의 입구를 그냥 지나쳤다

정원으로 가는 길을 찾기 위해
나는 얼마나 많은 이정표를 들여다보았던가
정원에 대한 소문과 단서를 찾아 도서관과 밀렵꾼들의 시장을
돌아다닌 구두의 낡음은 무엇으로 보상할 것인가
왕궁과 부자들의 울타리에서부터 은자들의 고졸古拙한 뜰에 이르기까지
정원의 설계도를 들여다 본 눈의 피로는
또 얼마인가
〉

그 정원의 입구가 내 앞에 순간적으로 드러났다
나는 그 앞을 그냥 지나쳤다
황금사과에의 유혹이 여신을 향한 욕망처럼 갈증을 불러일으켰다
입구는 안개처럼 왔다가 안개처럼 스러지는 새 이름이었는데
늙은 역사가 담배를 피우며 죽음의 냄새를 풍겼으므로
나는 눈을 내리깐 채 정원의 입구를 지나쳤다

그 정원의 아름다움
비늘구름이 노을을 받아 거대한 붕새의 날개로 불타오르는 변신이나
들판의 잡초였던 풀이 구절초의 꽃을 피워 올리는 둔갑의 순간에서
잠깐 동안 모습을 드러내었던 비밀정원을 놓쳐버렸다
지식과 경험의 울타리에서 문지기로 사는 늙은 역사의 간섭 때문에
내 심장이 황금사과처럼 빛이 나는 피안을 질투한
죽음의 훼방 때문에

가면 놀이

천의 영혼을 품은 당신과 술래잡기를 한다

당신은 꿩이었고
나는 막대기를 들고 쫓아간다
당신은 검은 숲을 향해 뛰었고
나는 푸른 잔디밭을 벗어나려는 당신의 등에
매 자국을 시퍼렇게 남긴다

막대기에 눌린 당신은 숨 막힌 어린 짐승의 얼굴
나는 가엾은 생각으로 심장이 두근거리는데
대지의 여신 같은 어머니가 칼을 가지고 와서
당신의 목을 자른다
당신의 선홍빛 피가 푸른 풀밭 위에 시퍼렇게 번진다

그 어린 짐승이 내 가엾은 영혼이었는지
 막대기를 든 내가 옷만 바꿔 입은 당신의 다른 모습이
었는지
 나를 낳았던 어머니는 죽음의 다른 이름이었는지
 두렵고 슬픈 이야기 속에서

〉
　천의 가면을 쓴 당신과 연극무대에 오른다

　당신은 참새 떼로 나락이 익은 가을 벌판에 내려온다
　나는 공포탄을 쏘아 당신의 귀를 마비시킨다
　당신은 날아가는 그림자처럼 단풍나무 숲으로 사라졌는데
　숲의 어둠이 끝나는 길가에 내 키를 넘은 코스모스 숲이
　시간마저 정지시킬 듯한 무거운 침묵으로 피어 있다

　당신은 참새 떼에서 진홍과 분홍의 꽃들로 둔갑을 했다
　그 아름다움이 활을 든 다이아나처럼 무서워서
　나는 감히 근처에 갈 엄두도 내지 못한다
　참새 떼와 코스모스가 당신이 순간에 부른 내 이름이었는지
　운명을 감지한 내 무거운 영혼이 소리쳐 부른 당신의 이름이었는지
　꿈속의 꿈 같은 이야기 속에서
　천의 이름을 가진 당신과 사랑 놀이를 한다

테미오래 공원-도지사관사

대흥동 도지사관사-테미오래 공원은 야수가 있는 크레타왕궁처럼 황금 냄새로 물들었다

마술사가 허공에서 장미꽃을 뽑아 보여주는 순간처럼 권력의 매혹이 구미호 꼬리처럼 드리워지는 순간이었다

거울 밖에서 거울 안의 나를 보아라

너는 고아처럼 길을 잃었구나

마음의 어두운 환상-anima가 늙은 아이의 운명을 화석처럼 굳혀 자신의 왕국에 가두려는 순간이었다

가슴 두근거리며 문틈의 비밀 낙원을 보던 늙은 학인은 diaspora의 실향민

늙은 학인에게 도지사관사의 냄새-권력이 다시 불렀다

옛날이 지금 같고 거기가 여기 같은

홀로그램으로 얽힌 환상의 기억이 마음속 잃어버렸던 정원을 보여주었다

도지사관사의 유리창에서 황금과 권력의 냄새가 섞인 죽음의 향기가 계속 흘러왔다

늙은 학인이 살던 옛집의 이웃 도지사관사는 근대 건축물 보존 지역-테미오래 공원으로 변신했지만

무의식의 깊고 푸른 크레타왕궁-도지사관사에는 아직도 배가 고픈 미노타우로스가 있다

 몸 안의 오장육부가 피 땀을 흘리며 견딘 누미노제 numinose의 순간에서 마음의 캄캄한 회로를 도약하는 기억의 날개가 있다

 심리치료 역할극처럼 서로 자리를 바꾸는 과거와 현재가 있다

 늙은 학인이 우연과 필연이 쌍둥이강처럼 서로 마주 보고 흐르는 현재의 미로에서 청맹과니가 된 현실에 깜짝 놀라는 순간이 있다

텔레파시-안테나

하늘에는 빛과 소리가 가득합니다
시간은 얼음이 녹아내린 수면처럼 모든 정보를 흡수합니다
텔레파시 안테나가 모세의 뿔처럼 머리에서 돋는다면
당신은 세계의 하모니를 듣는 청중일까요
페로몬을 통해 몸이 거대한 단일 정신으로 피어나는 개미 세계처럼
여왕개미의 뜻과 욕망이 곧 당신의 욕망일까요
에덴으로부터 걸어온 진화의 나무는 수천 가지로 갈라져서
메두사의 뱀 머리칼처럼 목숨을 울부짖습니다
생명의 탐욕을 모두 합친 눈빛은 신들의 몸도 돌로 만들 것 같습니다
인간의 문명에는 바벨탑들이 다시 세워지고
하늘의 에덴 길이 로마의 길처럼 드러날 것 같습니다

몸에 칠십 조 세포 거울을 달았으나 인간의 무의식-안테나는 수신감도가 충분하지 않습니다
텔레파시-안테나를 사슴의 뿔처럼 세운 스승이여

녹용을 밀어 올리는 뜨거운 피를 나누어주시지요

날개를 비벼 거대한 바람을 만드는 붕새처럼 단숨에 십만 리를 날아가는 힘을 허락하시지요

얼음 폭풍과 얼음 비를 지상에 내리는 괴물이 아니라

여의주를 품은 용처럼 번개와 천둥을 오동나무 숲에 뿌리겠습니다

높은 산과 사막에 전파망원경이 세워지지만 전 주파수 대역의 텔레파시는 아직 지상에 출현하지 않았고

하늘의 빛과 소리는 홀로 은하성단 저편까지 흘러갑니다

빛 물고기

바다는 이상한 생각을 하는 물고기를 부화시킨다
물고기들은 이름이 알려지지 않은 심해 숲에서 태어난다
물고기의 살은 투명해서 등뼈를 이룬 푸른 어둠이 보이고
물고기의 지느러미는 사자의 갈기처럼 빛이 나는 모습이다

어느 책에서도
어느 어부의 경험에서도
물고기의 기원은 알려지지 않았다
물고기의 신비와 이상한 생각을 본 사람들은
그날로부터 거역할 수 없는 매력에 끌려 바닷가를 산책한다
인생의 목표란 이상한 물고기를 보고
물고기의 생각을 수혈 받는 일이라고 믿는 호사가처럼

물고기는 먹이와 번식에 미친 물고기 떼 속에는 살지 않는다
물고기를 경매하는 사업가의 분주한 눈길에도 걸리지

않는다
  빛의 연기로 혼미해진 정신에게만 가끔씩 환상을 보여 준다
  물고기들과 생각의 고향은 시간의 어두운 바다라는 사실을 보여주려는 듯이

  심해 어둠에서 스스로 빛을 내는 이상한 물고기는
  천년 만에 한 번씩 부상하는 바다의 아들이라는 소문이 있다
  바다에는 가끔 이상한 소문이 태풍처럼 불어나고
  생각의 파도는 길길이 날뛰며
  혼이 나간 사람들에게 깊고 푸른 절벽을 보여준다

CD플레이어

CD의 데이터 신호가 끊어지면서 신호등의 불이 나갔다
 강물처럼 흘러서 베토벤-합창과 슈베르트의-마왕을 앰프로 보내던 데이터가 어디서인가 말라버렸다
 어떤 응급치료도 음악의 기쁨을 불러낼 수 없는 치매의 순간이 왔다
 회복 가능성이 없는 환자를 위해 모든 조치를 강구한 의사의 심정이 이랬을까

 현악사중주의 메아리들마저 서가의 책들이 모두 흡수한 날
 CDT 200은 제 역할을 끝내고 폐품으로 실려 갔다
 오디오 메이커들은 stramming player를 개발해서 출시했으니 음반 매니아들은 new-팬클럽을 결성해서 건너가 버렸다

 늙은 학인의 귀도 DNA가 설계한 고가의 시디플레이어
 귀는 수많은 데이터를 읽어 들여 기억에 저장했으나 청각세포-픽업의 수명이 다해가는 중
 신경회로-벨트 드라이브의 구동이 느슨해지는 중

황금도시

하늘에서 떨어지는 흰 뱀 같은 빗줄기가 내리는군요
나무들은 울고
천둥과 번개는 장난스러운 왕자가 던지는 돌멩이처럼 파문을 그리는군요
태양의 빛이 굳어버린 금반지라도 만지며 위로를 하고 싶지요
소가 달을 타고 넘어가는 것처럼
슬픔과 죽음도 없는 엘도라도를 찾아가고 싶지요

요한계시록의 검은 용이 세상을 지배하는 시대의 상징은 황금이지요
황금은 세상의 모든 욕망과 힘을 빨아들인 자본의 바다이지요
자본의 바다에는 계좌번호가 있어야 출입하지요
검은 용이 세운 은행에는 황금도시와 거미줄처럼 연결된 컴퓨터가 출입을 관리하지요
슬픔과 죽음도 없는 태양을 본뜬 숫자의 데이터베이스가 있고
매트릭스의 조합으로 황금제국을 만들어냈지요

〉

계좌번호 26801408502001이 있고

주민번호 531217-*******인 내가 자본의 바다에서 숫자 고기를 잡으며 살고 있지요

고기를 위해 아침 9시에 출근해서 6시에 퇴근하지요

고기에 관한 거래와 동향과 분석보고서를 읽고 검열하는 수고로움으로 연봉과 성과급이

계좌번호로 지급되지요

고기의 크기가 불만일 때는 부동산과 주식을 들여다보며 고기가 새끼를 치는 양식사업을 꿈꾸기도 하지요

먹장구름이 세상을 뒤덮었고 흰 뱀 같은 죽음이 빗줄기로 쏟아지는군요

풀과 모래들은 바람에 쓸리며 울고

기아와 재난을 예고하는 공포의 대왕이 탄 마차와 말들을 후려치는 채찍질처럼

천둥과 번개가 검은 하늘의 배를 가르는군요

꿀의 아버지인 벌들이 태양의 나라에서 땀을 흘리는 세계는 멀어지고

태양의 아들인 황금이 태양을 잊어버린 분노의 세계가
다가와 있군요

괴물들

 우물을 기약도 없이 들여다보던 시절이 있었네
 우물에 비친 하늘과 구름을 지우는 내 검은 얼굴을 들여다보았네
 황혼 물감이 섞인 밤이 이상한 냄새를 풍기고
 침묵의 비명이 바닥으로부터 올라오면 얼른 집으로 도망쳤네

 거울을 나르시스처럼 들여다보면
 거울 또한 나를 응시하는 빛나는 괴물임을 그 옛날에 알았네
 손을 내밀면 거울이 내 손을 잡고 거울 뒤편의 궁전으로 초대할까 무서웠네
 눈감고 부모와 형제가 있는 환한 집으로 돌아왔네

 심장을 괴롭히던 괴물들은 이제 죽고 없네
 나는 경비가 있는 아파트와 치안 법이 그물처럼 쳐진 도시에 살고 있네
 우물은 염소로 소독한 수돗물로 변하고
 거울은 망치에 깨지는 유리 조각으로 변해서

어둠과 햇빛 틈새에 살던 마법 괴물들은 황혼 밖으로 이주했네

회사의 수위들이 출근길에 빠른 경례를 붙이고
젊은 직원들이 도표와 숫자를 물고 일개미처럼 기어가는 현실 세계
뇌 안의 올빼미 눈이 감시카메라처럼 돌아가고
뇌 안의 당나귀 귀가 음파탐지기처럼 바쁜
내가 조직사회의 큰 괴물이 된 후부터

점단占斷

 인간의 용—매화 노인인 눈을 매화 눈을 떠서 매화가 만드는 수數와 역歷의 관계를 거울처럼 들여다보았다

 매화 노인인 내 고장난 인생에 대해 말했다

 오월 염천에 한겨울 같은 오한 때문에 고생하겠군요
 고통의 뿌리를 잘라내기 위해 몸에 칼을 대든가 쥐가 먹고 있는 지붕의 대들보를 수리해야 할지도 모르겠습니다
 언덕 너머 도화촌에서 바람이 불어 마음은 배를 타고 먼 길을 가고 싶은데 혈혈단신의 몸이 바닷가 절벽에 서서 그림자만 늘이고 있습니다
 가시철망에 쐐기풀이 무성한 울타리를 넘어가는 인생이군요
 능소화가 핀 정원이 있는 집에 귀인이 있는 줄 알고 찾아갔으나 귀인은 없고 온몸이 상처와 피고름으로 만발입니다
 뜰 앞 장미는 가을바람에 말라비틀어져 있고 벽 사이 거미줄에는 왕거미가 날아드는 나비를 기다리는 형국입니다

〉
몽상 학인이 매화를 빗자루로 쓸면서 생각했다

매화–점단占斷이 용들의 말씀이자 징조라면 나 역시 시간의 매화나무에 핀 꽃잎이다

하늘에는 용들의 비늘 같은 별들이 번쩍이면서 매화나무 숲에 빛을 보내고 있고 지상에는 용들의 피가 만든 빗물들이 매화나무 뿌리와 줄기를 적시고 있다

매화 노인의 예언은 빛과 어둠의 모자이크 놀이–용의 변신이자 꿈의 구궁도九宮圖에 관한 해석임을 내 이미 알고 있다

러브호텔

산길은 꽝꽝 얼어붙었고
계룡산 상신리 허름한 슈퍼 자판기는 고장이 났고
커피 한잔을 찾아
러브호텔이 잔뜩 몰려 있는 계룡산 장군봉 기슭까지 달려왔고
호텔에 들어가면 사랑이 이루어지는지
궁전모텔 황제모텔 알프스모텔 등의 붉은 간판을 한참이나 쳐다보았고
평생을 노력했어도 사랑을 수확하지 못한 백수에게는
러브호텔의 카운터가 에덴의 입구가 아닐까 새삼 쳐다보았고
열쇠를 가진 베드로가 문을 지키고 있는지
검을 든 가브리엘이 천국행 자격 심사를 하는지 두려웠는데

주차장에는 번호판을 가린 승용차들이 늘어서 있어서
사랑하기 위해서는 지상의 주소를 모두 지워야 하는 규칙을 갑자기 깨달았고
금단의 생명 나무가 아직도 있는지

늙은 뱀한테 부탁하면 사과의 쾌락을 맛볼 수 있는지
아침을 거른 영혼은 배고픈 지식욕을 버리지 못하였는데

커피 한잔을 찾아
여기까지 온 등산 인생을
천국의 행복을 향유한 아담과 이브가 힐끗 쳐다보고 지나갔고
커피 한잔의 향기에 마음이 녹아서
등산 인생이 만년설처럼 얼어붙은 천왕봉 꼭대기, 신의 영토를 아름답게 바라보았고
이브가 없어 들어가지 못한 러브호텔을 꿈처럼 바라보았고

불안한 사랑

사랑은 아주 옅은 새벽안개처럼 왔다
울타리에 선 향나무와 월계꽃을 수채화처럼 물들였다

태양이 오자 안개는 녹아 내렸다
향나무는 거친 가지를 하늘로 올렸고 월계꽃은 향기를 소방호스처럼 뿜어댔다
깊고 검었던 눈은 이해타산의 의심하는 눈초리로 바뀌었다
사랑은 다시 옅은 황혼으로 왔다
아스팔트와 콘크리트 건물이 늘어선 도시를 수채화처럼 물들였다

밤이 오자 황혼은 지워졌다
네거리 신호등은 올빼미 눈처럼 타올랐고 거리의 네온사인 간판은 손님을 부르는 높은 비명을 지르기 시작했다
황혼에 귀를 대었던 침묵은 불안한 소음으로 가득 찼다

사랑은 가끔 신비스러운 집으로 안내하는 맹도견처럼 왔다

이상한 색깔과 장식의 문고리가 있는 문 앞에서 현실은 문을 여는 위험을 망설였다
집으로 들어가야 하나?
그 문이 다시는 열리지 않는 꿈의 입구라면
꿈 안에서 미로를 돌아다니는 괴물로 영원히 살아야 하나
그 괴물이 목마른 내 영혼임을 확인해야 하나

전등

캄캄한 방에 불을 켰다
가구며 벽지의 색깔, 시계의 시침까지 갑자기 나타났다
백 와트 전등이었더라면
그 불빛은 맞은편 아파트에 사는 마음에게까지
혹은 야간비행을 하는 헬리콥터 조종사의 우연한 눈에
까지 닿았으리라

내 목숨이 누구인가 스위치를 켠 전등이라는 것을 알았
을 때
내 목숨은 밝게 빛나는 백만 와트 전등이고자 했다
 몇 억 광년 저편의 은하도 볼 수 있도록
내 사랑의 생각들이 아주 먼 시간 후에라도 도착하도록
어떤 답신과 메일들이 내 운명에 도착했는지 확인할 시
간도 없이

맞은편 아파트 방에서 불이 꺼졌다
죽음처럼 고요한 구름이 와서 별이 없는 밤 같은 관계
의 침묵
 빛으로써 말씀을 주고받았던 악기들의 대화가 그친 공

연장은
 갑자기 관객이 없는 겨울 바다가 되었다

 긴 밤이 되고 긴 어둠이 되리라
 나비 떼 같은 기억과 환상만 밀물과 썰물처럼 분주하리라
 내 목숨은 감시카메라 탐조등처럼 아파트 숲을 쳐다보고 있으리라
 칠흑 같은 마야의 바다에서
 새벽 햇빛이 산봉우리를 전등처럼 발화시킬 때까지

공중 마차

 밤마다 마차를 타고 외출을 하는 몽상 학인
 몽상 학인은 재담을 늘어놓는 음유시인과 가면무도회가 열리는 살롱에 출근한다
 손님들이 모두 좋아하는 노래와 환상
 왕과 거지, 악마와 천사, 로맨스와 모험이 모두 가능한 이상한 파티에 출근한다

 이름을 붙일 수 없는 마음이 만들어낸 몽상 학인은 언제나 마차를 타고 가야 한다
 마차가 없으면 가문이 보장하는 문장과 집도 없다
 지위와 부와 명예가 네 마리 말이 끄는 마차의 화려함에 있다
 몽상 학인은 밤마다 외출하지만
 새로 사귄 정부를 만나거나 사업과 현실이 싫어 은둔을 하고자 할 때는 대낮에도 외출한다
 그때는 공중 마차이므로 지상의 사람들은 몽상 학인을 보지 못한다
 오로지 구름이거나 바람이거나 태양 같은 무리들만 마차를 따라다닐 뿐

별들이거나 귀신들만이 이 마차를 알아보고 손을 흔들 뿐

어느 제왕은 만승의 마차를
어느 각자^{覺者}는 대승^{大乘}의 마차를 소유하는 영광을 누리기도 하지만
몽상 학인이 원하는 것은 언제나 휘파람을 부르면 달려오는 개인소유의 환상 마차
그 마차가 없으면 몽상 학인은 우물 안의 개구리이며
기쁘거나 슬프거나 신기한 세상의 풍경을 보지 못하는 장님이므로

벌레 환상

세금 고지서가 배달되었다
인쇄된 벌레들이 내 지갑을 갉아먹었다
시집이 저자의 사인과 함께 배달되었다
책 속에서 대오를 정비한 벌레들이 내 사유와 감정을 뜯어먹었다
이메일에 연구소의 공지 사항과 현안 문제가 배달되었다
전기를 먹은 벌레들이 눈으로 기어들어와 뇌 속 신경회로를 헤집고 돌아다녔다

몸이 벌레의 횡포에 반역을 일으켰다
벌레가 물어다 주는 먹이를 거부하고 벌레의 관심을 경멸했다
벌레의 도움 없이 홀로 살아갈 자유를 꿈꾸었다
벌레가 없는 사막으로 들어가 하늘과 땅의 기운으로 몸을 부양하고자 했다
벌레보다 현명한 지혜와 깨달음으로 벌레의 도움 없이 바벨탑을 세우고자 했다

그러나 벌레가 이룩한 기표의 제국, 문명의 감옥에서는

벌레들이 설치한 감시 카메라가 하늘의 별처럼 총총했다
　벌레들이 권력과 성과 명예의 이름을 보여주었다
　벌레들이 불멸의 진리를 보여주기도 했다
　벌레들이 빛나는 금강 벌레가 되어 환상의 새끼를 낳고 또 낳았다

　캄캄한 어둠에서 일어나니 내 어머니는 바로 벌레
　시간의 자궁에서 탯줄을 끊었을 때 배고파 떠나갈 듯 울던 내 정신에 젖꼭지를 물린 존재는 바로 벌레
　기쁠 때나 슬플 때나 내 눈을 들여다보고 문화의 요람으로 데리고 간 팔은 바로 벌레
　죽어야만 벌레로부터 벗어난다고 가르쳐준 것도 바로 벌레

키스 마크

눈이 내려 바람이 걸어간 발자국이 흔적으로 남았다
시간으로 매몰되어
흔적도 남지 않았을 당신의 입술이
가볍게 내 마음에 찍은 그 키스 마크가 검은 얼룩으로 남았다

그 상처로부터
당신이 어느 숲으로부터 걸어와서 이 벌판에 무게를 남기지 아니하고
마른 나뭇잎 몇 장과 함께 저 언덕 너머로 바람처럼 사라졌는지를
몽상 학인이 불타는 호랑이의 눈으로 조사하였다

당신이 어떤 모습의 키와 몸무게로
발걸음은 또 어떤 고통과 짐을 실어서 이 세상에 잠깐 들러갔는지를
그 단서와 비밀을 추적하기 위해
몽상 학인은 바지가 젖는 줄도 모르고 숲을 돌아다니는 수사관

키스 마크가 평생의 병이 될 줄 모르고 무심코 당신의 입술을 받아들였다

바쁜 생활인이었더라면 그냥 지나쳤으리라
시베리아 한파가 폭풍 같은 눈을 밤새 이 나라로 퍼부어서 갑자기 친숙한 얼굴들과의 관계가 천 길 낭떠러지로 변했다
이 모든 사건이 먼 훗날의 에피소드가 되고 추억이 되겠지만
안락의자에 앉은 늙은 학인이 가끔씩 회상해 볼 당신과의 만남

그 시간의 얼룩이 바로 저 앞에 찍혀 있다
밤새 내린 눈 때문에 캄캄한 마음이 화려한 눈꽃처럼 밝아져서
당신의 발자국과 입술이 몽상 학인의 마음에 닿은 이유를
갑자기 깨닫게 되는 그 유혹이

밤의 몽상-나비 침묵

밤이 몽상 학인에게 눈을 빌려주었다
밤은 눈이었으므로
밤의 숲으로 난 길로 멧돼지들이 바람처럼 다니는 길을 밤의 몸으로 흐르는 핏줄기처럼 보았다
밤이 스며든 수리부엉이의 날개와 늑대들의 발톱이 엑스레이 사진처럼 투명하게 보였다
밤이 몽상 학인에게 붕새의 눈을 빌려주었다
몽상 학인이 용의 비늘 같은 날개를 펴고 한밤의 숲을 날아가자 숲에서 기는 모든 벌레와 짐승들의 영혼이 흔들렸다
그들에게는 순간이 백년이었으리라
그들의 배고픔과 짝짓기를 위한 미로들이 거울처럼 드러나고 시간의 칼에 베어지는 운명을 공포가 읽어냈으므로
숲에서 기는 모든 벌레와 짐승들의 심장이 귀가 되었다
붕새의 눈앞에서 그들의 눈은 장님이었다
밤이 몽상 학인에게 붕새의 날개를 빌려주었고 힘은 시간의 파도 위에서 사이렌의 노래처럼 영원을 유혹했다
숲을 폐허로 만들 수 있는 권력이 나에게 있었고

밤은 벌레와 짐승들의 몸을 어둠으로 채워 박제하라고 속삭였다
 별들이 모두 괴물처럼 눈을 부릅뜬 그날, 밤이 나에게 선물한 힘의 키스를 잊지 못하리라
 밤의 몸은 몽상 학인을 사랑한 여신의 치마 아래처럼 캄캄했으나
 몽상 학인의 영혼은 페니스처럼 발기해서 붕새의 눈처럼 밝아졌으므로

 밤이 몽상 학인에게 침묵의 소리를 듣게 했다
 그 소리는 바위로 굳어 산 계곡에 있거나 별이 되어 날아갔다
 그 소리는 가문비나무숲이었으며 흐르는 강물이었다
 밤이 몽상 학인에게 침묵의 소리를 들려주면서 세상이 태초의 말씀으로부터 빅뱅처럼 깨어났음을 상기시켰다
 소리로부터 나온 시간이 태양과 달을 움직였고 구름 같은 힘이 어두운 하늘에 가득했으나
 빛의 사랑을 얻지 못한 힘들은 심해 바다에서 잠을 잤다
 밤이 몽상 학인의 귀를 트럼펫 나팔처럼 길게 잡아당겨

침묵의 소리를 듣게 했다

깊은 꿈에 갇힌 소리들은 오래된 사원의 기둥으로 서 있거나 봉인한 용의 몸 같은 산맥으로 누워 있었다

과거에 그들은 백성의 기도나 용암으로 살아 있었다

시간이 늙으면서 소리는 무덤 같은 휴식으로 돌아갔다

시체로 누운 침묵을 파리가 날아와 구더기 왕국을 만들었고 세균들이 번식하면서 썩는 냄새가 밤의 배꼽에서 진동했다

몽상 학인이 심원한 생각에 잠겨 밤과의 산책을 벌판으로 나갔는데 침묵의 빛이 물든 소리로 깨어나는 새벽이 왔다

눈 속으로 무지개처럼 살아난 하늘과 땅의 풍경이 흘러들었고 밀회가 끝난 여신처럼 밤은 지혜로운 미소를 짓고 물러났다

몽상 학인의 배고픈 환상이 비로소 깨달았다

현실現實이란 고치를 뚫고 나온 커다란 나비 침묵임을

몽상 학인의 몸은 대낮을 날아다니는 나비였으나 곧 밤의 영혼과 재회할 운명임을

6.

고양이 눈 속의 고양이

　공원의 벚나무 숲속으로 형상과 이름의 관계를 생각하며 저녁 산책을 나갔네
　숲속 산책길에서 홀로 오던 눈이 빛나는 고양이야
　너는 나를 흘낏 보고
　나보다 앞서 오던 길로 달아난다
　나는 호랑이처럼 성큼성큼 걸어가는데 저만치 달아나다가 나를 다시 흘낏 본다
　동무도 없이 가는 소롯길에 바람이 으스스 불고
　벚나무 낙엽은 오그라져서 발 빠른 쥐처럼 움직인다
　갈색 등 털에 목덜미가 흰 고양이야
　너는 왜 나를 자꾸 쳐다보는가
　검은 눈은 공포와 연민이 불꽃처럼 일고 황혼의 해를 받아 더욱 빛이 난다
　황금 쟁반처럼 떨어지는 태양은 까마귀 울음과 풀벌레 소리 속으로 떨어진다
　가시철망 울타리가 나타나고
　너는 개구멍을 지나 명부의 어둠 같은 숲으로 사라진다
　울타리의 쐐기풀은 날개를 접은 나비처럼 움직이지 않고 어둠이 물줄기처럼 스며든다

〉
너와 나는 그렇게 작별했지
이상한 연인의 비상한 감정으로 헤어졌지
저녁이 오자 캄캄해진 숲
길들이 모두 어둠에 지워져 함정이 된 숲
버드나무 줄기들이 뱀의 눈초리로 나를 노려보는 숲을 지나 왔네
달빛이 내린 울타리 주위로 쐐기풀 이파리가 천년 여우의 갈기처럼 빛을 냈네
검은 구름 사이로 저녁 흰 달이 고양이 눈처럼 나를 바라보자 나는 알아차렸네
고양이 눈 속에서 나는 고양이였음을
고양이는 내가 죽으면 다음 세상으로 안내할 영혼의 친구였음을

채송화

회칠한 화단 경계석에 채송화 그림자가 살아 있는 듯 밝았습니다
바람이 불자 중국의 그림자 연극이었습니다
이파리는 가시철망이었고 꽃봉오리는 구름 덩어리였습니다
붉고 노란 주황색 꽃잎들과 푸른 이파리의 색감이 없어도 그림자는 너무 생생했습니다
무엇 때문에 이미지가 실체처럼 보였을까요
눈을 감고 생각하니 태양의 흰 불꽃 때문이었습니다
육천도의 에너지가 만든 마야의 환영 때문이었습니다

태양이 황금 가면을 쓴 얼굴로 몽상 학인에게 말했습니다
눈이 보는 채송화에서는 영원한 기쁨이 없다
이미지의 샘을 막아라
언어의 장작불을 꺼라
세계는 불타는 집이니 네 생각을 헛된 여행의 연료로 소모하지 말아라
〉

죽음이 올 때 기억과 욕망으로 지은 사상누각이 바람에 무너지는 순간이 보였습니다

　몽상 학인이 태양의 천 배 무게와 만 배 밝기를 가진 안드로메다태양 앞에 서는 순간을 상상했습니다

　몽상 학인은 채송화 그림자보다 더 밝은 꽃잎으로 아름답겠지요

　도솔천의 오색 궁전을 보려는 눈의 욕망을 단숨에 뛰어넘겠지요

불안과 행복 사이

 쑥부쟁이가 여기저기 피었는데
 꽃들이 연구소에 파견된 러시아 기능공들의 말씀처럼 알아들을 수 없는 소리를 비명처럼 주장하고 있는데
 플라타너스 가지에 앉았던 멧새들은 날개 자국을 허공에 남기고 사라졌는데
 딱정벌레와 사마귀들이 목숨의 무지개 다리를 지나 어디로인가 가고 있었는데
 하늘에는 검고 낮은 구름들이 오고 사방은 조용해서 마음은 관 속에 누운 시체였는데
 구름 사이로 드러난 태양이 술 취한 중독자처럼 검붉은 얼굴을 했는데
 이 신호들이 실재實在의 상징인데도 내 영혼이 무지한 것만 같아서 마음이 공연히 불안하기만 하였는데

 쑥부쟁이 뿌리와 줄기로 저녁의 어둠이 물줄기처럼 스며들고 있었는데
 억새풀들이 귀신들의 노래 한 자락 같은 바람소리에 매달리고 있었는데
 장수풍뎅이가 하늘을 향해 배를 뒤집고 호랑나비가 울

타리 너머로 날아갔는데

　몽상 학인의 오장육부에 두꺼비처럼 웅크리고 앉은 전생의 기억들이 기쁨과 슬픔을 동시에 보여주었는데

　하늘에는 황혼이 남아있는 양떼구름이 떠오르는 파란 달빛에 물들고 있었는데

　몽상 학인은 무한 시간의 놀이터에서 그네에 앉은 늙은 아이처럼 마음이 참혹했는데

　참나무 숲 그늘 아래서 어둠이 빛나는 침묵의 눈을 뜨고 내 생각을 감시카메라처럼 들여다보고 있었는데

견본담채絹本淡彩—서울

 겸재의 금강전도金剛全圖에는 일만 이천 봉에 이르는 산의 숲이 아마존의 밀림처럼 빽빽하게 있지요
 이 그림은 부감법俯瞰法으로 전체 구도를 잡고 뾰족한 암봉巖峰은 수직준법垂直皴法으로 묘사하고
 나무숲이 우거진 토산은 미점준법米點皴法으로 찍어낸 비단 천에 엷은 수묵으로 그린 채색화입니다
 화가들은 견본담채絹本淡彩라는 말로 표현하지만요

 바위산은 공룡의 등뼈처럼 삐죽삐죽 서 있고 소나무 숲은 산신령의 대머리처럼 듬성듬성 서 있는 호쾌한 산세가 화면에 가득하지요
 구도자와 은자와 방사와 술사들이 화강암의 기운으로 한 소식을 이루고자 벌 떼처럼 몰려간 엘도라도의 열풍이 느껴지는 진경산수입니다

 서울의 소공동은 재벌과 금융 본사들이 뉴욕의 맨하탄처럼 빽빽하게 들어서 있는 자본의 심장이지요
 헬기를 타고 하늘에서 보면 레고 조각 같은 빌딩 블록과 거미줄 같은 도로망 위로 자동차들이 흰개미 떼처럼

몰려갑니다

　도시계획 전문가들은 문명의 활력이 넘치는 첨단융복합공간이라고 말하지만요

　이곳에 태종의 둘째 딸인 경정慶貞공주의 궁이 있어 사람들이 작은 공주골로 부르던 지명을 한자로 표기하면서 소공동小公洞이 되었다고 전합니다
　가이아의 암 조직인 도시 속에서 서울 쥐들이 먹이와 번식을 위해 미로를 헤매다가 공원묘지의 납골당 같은 아파트에서 뼈를 묻는 현실 공간입니다

여미지 식물원

 당신은 '꽃의 정원'에 핀 수천 가지 꽃을 가리키며 '이 꽃의 빛깔을 보세요 저 꽃의 향기를 맡아 보세요' 말씀합니다
 당신은 여미지 식물원에 펼쳐진 기화요초의 세계를 저와 나누고자 하지만 모두 하나의 꽃으로부터 드러난 꽃의 무늬일 뿐입니다
 잃어버린 소를 찾아 먼 여행을 떠난 선화 동자처럼 저는 당신과 함께 하나의 꽃을 찾아 돌아오는 몽상을 합니다
 얼마나 많은 세상의 꽃이 밤하늘의 은하수와 바닷가의 모래알처럼 퍼져나갔을까요

 세세연년 피고 지지만 닳거나 낡지 않는 이 꽃은 당신의 눈과 귀와 심장에 피어 있으며 바다의 흰 파도와 하늘의 푸른 허공에도 피어 있습니다
 '물의 정원'과 '열대정원'을 품고 있는 여미지 식물원 자체가 하나의 꽃이라는 생각이 안 드십니까
 꽃의 침묵은 바흐의 음악 속에 숨겨진 수의 비례와 조화처럼 시공간의 잠재태潛在態 속에 숨겨져 있지만
 당신이 눈을 뜨자 깨어나는 아침처럼 튤립의 이파리와

꽃잎으로 드러납니다

 하나의 꽃은 수령 천년의 은행나무가 수만 개의 이파리를 피우지만 대지의 검은 뿌리에서 한 몸인 것과 같습니다
 당신이 강가에서 청둥오리라고 부르고, 당신이 숲에서 부전나비라고 부르고, 당신이 기쁠 때 태양의 노래라고 말하고, 당신이 슬플 때 달의 눈물이라고 말하는 황금 꽃의 얼굴이 있습니다
 열대 수련의 꽃과 같은 당신이여, 저는 당신의 심장에서 핀 참모습의 꽃을 봅니다
 이 하나의 꽃이 세상의 모든 꽃에 발자국을 남겼으므로 저는 당신을 통해 여미지 식물원의 모든 꽃이 생명으로 빛나는 극락을 봅니다

시 숲

 몽상 소년은 가죽나무와 오동나무가 있는 울타리에서 평상에 누워 구름을 보며 낮잠이 들던 어린 시절에도 시 나무가 있다는 생각은 하지 못했다
 바람에 날리는 이파리들이 푸른 침묵을 뒤집어 보여주는 흰 배때기들이 웅얼거리는 아기의 입술 같다는 생각을 했을 뿐

 몽상 소년은 같은 울타리를 사용하는 중학교와 고등학교 교정을 메운 플라타너스를 아침노을과 저녁노을 사이로 매일 창밖으로 쳐다보았다
 청소년기의 짙은 우울과 몽상은 이파리를 따라 피고 지었으나 시 나무가 플라타너스의 모습으로 안개 속에서 희미한 검은 가지를 드리우고 있었음을 그때도 몰랐다

 몽상 청년의 심장으로 피가 몰리기 시작하고 가슴에 웅덩이로 패인 검은 상처가 시간을 빨아들였으며 현실로 향한 마라톤경주의 출발선에 있었던 대학 말년에 시 나무는 갑자기 제 모습을 보여주었다
 그 나무는 가죽나무와 오동나무와 플라타너스였으며

동시에 샤먼들의 하늘 밧줄인 자작나무와 모세가 무릎을 꿇어 야훼의 음성을 들었던 가시 떨기나무였다

　세상 나무들의 모든 뿌리가 어두운 지하에서 얽히고 나무의 잎맥마다 스며든 수액들이 연기를 피우고 있었다
　번개와 바람이 불 지르던 꿈과 환상은 이파리마다 웅얼거리며 말을 하기 시작했다
　그러나 몽상 청년은 숲의 길보다는 세속 도시로 가는 고속버스를 타고 입사 시험을 보러 다녔고 컴퓨터와 계산기로 거래를 관리하는 행정원이 되었다

　생과 죽음 사이에 경계를 친 붉은 담장 같은 황혼이 인생의 종착역이 가까웠음을 일깨워 주었을 때 시 나무는 갑자기 다시 모습을 드러냈다
　이파리를 가진 모든 나무들이 은빛 갈기를 빛내면서 나무는 나무 이상의 존재임을 몸으로 증명했다.
　시 나무가 몽상 학인에게 사랑하는 눈길을 보낸 마지막 편지였으며 최후의 통첩이었다

몽상 학인은 시의 숲으로 가기 위해 지금까지 걸어온 먼 길을 되돌아 가야 했다

아름다움을 위한 병고病苦

제비꽃 같은 하늘의 푸른 옷소매를 보느라고
숲으로 달아나는 마파람의 흰 발목과 어둠의 어깨에 기댄 황혼의 목덜미를 보느라고
눈에 병이 들었네
한밤중에 회나무 이파리로 핀 달빛의 침묵을 듣느라고
창백한 지붕들이 검은 그림자를 물방울처럼 떨어뜨리고 밤하늘 별들이 개망초 꽃처럼 피어나는 소리를 듣느라고
귀가 병이 들었네

우울과 탄식이 드센 억새처럼 피어 있고
시간의 강물은 그 수량을 줄여 바닥의 험한 돌들이 들여다보이고
나비와 곤충들이 비밀 꿀을 찾아 나서던 허공의 길들이 모두 사라져버린 몽상의 숲에서
나는 슬펐다네

진홍빛 폐허

쇠창살로 된 아파트 난간을 넝쿨장미는 보아뱀이 먹이를 허리로 감아올리듯 올라갔다

아파트 쇠창살과 넝쿨장미의 불편한 인연을 용접하기 위해서는 어떤 불길이 필요할까

쇠창살은 금속의 제련과 성형을 거친 문명의 디자인

넝쿨장미는 대지의 뿌리에서 올라온 DNA의 디자인

건너뛸 수 없는 경계선이 만년빙하의 크랙처럼 디자인의 건축과 형성에 있었다

태초의 특이점으로부터 빛이 식어 물질과 시공간이 만들어졌다는 과학자들의 상상이 다시 몽상 학인을 괴롭혔다

태초에는 쇠와 목숨의 재료가 같았기 때문이었다

몽상 학인-뇌 속의 에고가 불타올랐는지, 꿈속의 꿈인 이 세계가 불타올랐는지, 그 경계가 불분명한 빛과 어둠의 틈새에서 쇠창살과 넝쿨 장미가 필사적인 사랑의 자세를 보여주었다

진홍빛 폐허가 곧 무너질 사원의 기둥처럼 저녁의 한순간을 붙들고 있었다

제주 올레길

 오리만 한 갈매기들이 갯벌에서 물고기를 잡고 있는 해안으로 가는 올레길
 콘크리트 도로포장에 고라니와 게들의 발자국이 꽃무늬 화석처럼 찍힌 올레길
 제방의 돌구멍 사이로 빠져나온 바닷바람의 촉감이 손가락 끝에 만져지는 올레길
 동백나무와 삼나무가 꽃과 이파리를 핏물처럼 뚝뚝 떨어뜨리고 있는 올레길

생명나무와 뱀

유전자정보 집합체-genome은 뱀 두 마리가 몸을 꼬아서 올라간 쌍두사-이중 나선 디자인을 하고 있습니다

고대 수메르의 인장印章에는 교접하는 쌍두사의 형상인 뱀신-닝기쉬즈다가 있습니다

헤르메스가 사용한 카두케우스-쌍두사 지팡이와 모세가 권능을 수행한 청동 뱀의 지팡이도 있군요

아즈텍의 케찰코아틀-깃털달린 뱀 신은 위대한 쌍둥이로도 불렸고 죽음을 통해 부활하는 힘의 기원이었습니다

바이블-에덴 동산에는 생명나무와 고대의 뱀이 있어서 이브에게 선악의 지혜를 가르쳤다는 신화가 있습니다

아마존 샤먼들은 메스깔린과 아야후아쓰까의 ecstasy에 기대어 환상의 뱀으로부터 약초의 지혜를 전수받는다고 하는군요

탄트라 요기들은 불의 호흡으로 미저골 아래 잠자는 뱀의 기운-쿤달리니를 일깨워 상승하게 합니다

태양과 달의 요가-hatha yoga는 쿤달리니 에너지가 인간의 척추-생명나무를 거꾸로 올라가게 하는 요가입니다

sex 에너지로 일곱 chakra를 각성시킨 쿤달리니는 요기

의 정수리에서 'Sahasrara padma-천개의 꽃잎으로 피어난 연꽃'을 각성시켜 요기의 의식을 다른 차원에 이르게 합니다

생명의 비밀한 힘들은 왜 뱀의 형상을 하고 있을까요

고대인들은 어떻게 뱀의 이미지와 형상으로부터 지혜를 이끌어낼 수 있었을까요

그들은 환각 식물 에너지로 genome에 숨어있는 생명의 지혜-이중나선의 뱀을 엿본 해커였을까요

* 닝기쉬즈다Ningishzida: 메소포타미아의 식물생성을 관장하는 신
* 카두케우스Caduceus: 제우스의 명령을 전달하는 헤르메스의 지물이며 권능의 지팡이
* 케찰코아틀Quetzalcoatl: 아즈텍에게 문화를 전수한 신의 이름
* 쿤달리니Kundalini: 인체의 회음會陰 부분인 물라다라 차크라에 머무는 성력性力
* 생명의 나무: 유대신비주의 카발라Kabala에 등장하는 세계의 창조와 구조에 관한 상징
* Sahasrara Padma-천개의 꽃잎으로 피어난 연꽃: 쿤달리니가 인체의 정수리에 이를 때 피어나는 해탈과 깨달음의 상태.

기호의 고고학

'태초에 빛이 있으라 하매 빛이 있었다'는 문장처럼 말씀과 사물이 한 몸이었던 행복한 시대의 말이 있었다
　에덴으로부터 지상으로 내던져진 말들은 흙으로 돌아가야 하는 아담의 몸처럼 썩고 부서지는 낙엽의 운명이 되었다
　말들이 인간의 의식에서 태어났으나 대양으로 흐르는 시간의 강에 뜬 물살의 거품이었다
　말들은 심연으로부터 솟구친 바위 같은 세계 풍경에 걸리며 인간 의식에 굴곡과 무늬를 만들어 냈다

　아라베스크 문양의 회교 사원처럼
　사각형과 원이 중첩된 티벳만다라처럼
　말과 말이 결승문자처럼 얽힌 만화경이 문명이었다
　말의 역사 속에서 상징의 피라미드, 은유의 크레타미궁, 이미지의 알렉산드리아가 세워졌다가 무너졌다

　인간의 생각들이 말의 요람에서 태어나 말들의 무덤에서 죽었다
　제도와 법률과 화폐와 인간이 프로그램한 모든 도구들

이 부장품처럼 묻혔다

  인류의 의식은 흙의 잠속에서 도서관의 책들과 박물관의 미이라 같은 말의 꿈을 꾼다

  죽은 생각들이 진시황의 병마총처럼 묻혀 드라큐라의 수혈 같은 재생의 시간을 갈구한다

  몽상 학인은 독자들을 비경秘境으로 안내하는 헤르메스처럼 지도와 랜턴을 준비해서 캄캄한 흙의 시간으로 내려가 문명의 모든 기억을 들여다본다

세포 도시

 고해상도 현미경으로 찍은 세포를 들여다보면 세포는 하나의 도시국가입니다

 3만 개의 단백질 교환센터가 에너지와 물질을 풀어 고도 질서의 세포 도시를 운영합니다

 중앙에 세포핵이 성전처럼 있고 핵산에는 생명체의 시원인 DNA가 이스라엘의 성궤처럼 모셔져 있군요

 질소염기 AGCT의 알파벳으로 쓰여진 유전암호는 태초부터 지금까지의 생명의 역사를 기록했습니다

 인간의 염색체 23쌍은 500쪽 4000권의 장서로 채워진 도서관과 같다고 합니다

 인간의 몸은 100조의 세포 도시가 모여 복잡계의 질서를 이룬 은하성단에 비유할 수 있습니다

 지구생태계는 약 3천만 종으로 분류된 생명 연합의 다중우주이군요

 그러나 이 모두는 세포라는 문법으로 쓴 생명의 책들

 플라타너스의 잎맥과 당신의 정맥은 수액과 혈액을 운반하는 상동相同기관입니다

 이중나선 모양의 DNA의 총길이는 약 2000억km

야곱의 사다리처럼 지상에서 하늘까지 늘어선 생명의 나무입니다

 5억 년 전 캄브리아기에 생명의 폭발이 일어나 생명의 에덴동산이 지구에 펼쳐졌습니다
 1만 년 전 인간의 의식이 문자로 기록되면서 문명의 폭발이 일어났습니다
 21세기는 지식이 매 2년마다 배증하는 정보 폭발의 시대
 뇌 안의 가상 세계가 현실의 시공간을 지나 풍선처럼 커지고 있습니다
 뇌세포도 DNA가 쓴 문법이므로 인간의 의식이란 생명장生命場 스스로의 생각일까요
 식물들의 오라와 페로몬도 식물들의 의식을 말하는 것일까요
 이 모든 질문의 답을 품고 있는 생명은 번식의 춤을 추느라 몸이 달아올랐습니다
 해바라기는 태양 아래 꽃을 피우고 공작새는 채색 무늬의 꼬리 깃을 부채처럼 펼쳤습니다
 당신은 연인의 검은 눈동자를 보며 사랑에 **빠져있습니다**

Demeter-대지의 열락悅樂

지상으로 올라간 백일홍 줄기는 사면상四面像의 브라흐마처럼 팔방으로 가지를 뻗고 있다.

나와 세계의 구분이 없는 에덴, 플레로마의 황금시간에서 백일홍은 검은 무의식의 대양에서 꿈을 꾸고 있다

몇만 개의 눈을 가진 아르고스처럼 돋아난 푸른 이파리들이 태양과 구름과 바람의 풍경을 의식 안으로 끌어들인다

프로메테우스의 불처럼 밝아진 백일홍의 의식은 세상의 모든 나무가 태어나는 이유와 비밀을 담아 카발라의 생명나무처럼 꽃을 피우고 떨어뜨리는 놀이를 계속한다

백일홍의 꽃들은 교향곡의 대위代位와 화음 속의 악기처럼 빛의 음악을 연주한다

산실에서 태어난 아기가 어머니의 품속에서 눈을 맞추고 있다

데메테르가 옥수수처녀 페르세포네의 몸을 통해 세상에 드러낸 목숨의 행복을 아기는 어머니와 한 몸이라는 꿈을 통해 경험한다

'행복하도다. 하데스가 지배하는 지하세계로 떠나기 전에 엘레시우스의 비의秘義를 보는 자여! 그는 생명의 끝과

그 시작을 안다. 이 기쁨을 본 자는 세 배로 행복하며 참된 생명을 얻을 것이다. 그 영혼은 기억도 없고 생기도 잃은 슬픈 그림자로 남지 않을 것이다.'

헤로도토스–'데메테르 찬가'는 아기와 백일홍의 목숨이 세계의 꿈이며 비슈누의 꿈임을 암시한다

검은 세상의 시간은 자신의 꼬리를 먹고 있는 우로보로스uroboros의 뱀처럼 둥근 모양으로 말려져 있다

* 플레로마Pleroma: 충만과 완전한 상태, 물질계의 한계를 초월한 영역을 경험하고 있는 상태
* 엘레시우스Elesius: 대지의 여신 데메테르를 숭배하는 신자들이 죽음을 초월하는 생명을 위해 비교의식을 행한 장소

마법 피리—만파식적萬波息笛

 소리는 인간의 귀에 걸리는 가청주파수로 몸을 드러내지만 남극에 사는 심해고래처럼 초음파나 저주파로 허공을 헤엄친다
 만파식적으로 나라의 근심을 잠재운 신문왕神文王의 기록이 삼국유사에 있다
 낮에는 두 몸이고 밤에는 한 몸이 되는 대나무로 만든 이 피리는 파도 소리인 뱀 새끼들을 침묵으로 불러들이는 힘이 있었다
 지금 시대에 마법피리는 사라졌고 침묵의 어두운 동굴에서 피리소리는 만년 잠을 자고 있다

 소리가 마법의 힘을 낸 기록이 여호수아서에도 있다
 예리고 성을 포위한 여호수아는 성궤를 메고 일곱 바퀴를 돈 후, 뿔 나팔과 병사들의 고함으로 성벽이 저절로 무너지게 했다
 파워앰프인 성궤는 나팔소리를 바위의 무게중심에 걸어 지렛대처럼 사용했지만 성궤도 역사에서 사라져 침묵으로 돌아갔다
 〉

창세기의 저자는 이 세계가 소리의 드러남인 말씀으로 창조되었다고 기록했다

인간이 만든 어떤 북소리보다도 큰 이 울림의 말씀은 천둥번개의 힘과 권력으로 심장의 경배를 요구한다

파고波高와 파저波低 사이에 회오리치는 소리 에너지들은 싹과 알들을 부화시키거나 죽음 속으로 가라앉힌다

마법 피리는 변신하는 괴물이며 세상의 힘을 빨아들인 침묵의 아들, 아폴론이 탄 태양 마차처럼 세상을 감시한다

거미 신화

 울울창창한 뇌의 신경망 숲에 거미들이 투명한 법망法網을 짰습니다

 나뭇가지와 숲 사이, 아침노을과 저녁황혼 사이, 탄생과 죽음 사이 거미들은 기억의 숲에 천지사방을 가리는 큰 거미줄을 만들었습니다

 몽상 학인의 뇌에는 생각과 형상을 지어내는 여왕거미가 또아리를 틀고 자신이 세운 거울 나라를 나르시스처럼 쳐다봅니다

 무선 인터넷망이 지구를 수억 겹으로 덮은 21세기에서는 거미집의 프로그램과 매트릭스가 불멸의 데이터 제국을 세웠습니다

 뇌가 디자인한 세상은 기호의 바벨탑

 여왕 거미가 인드라망의 매듭으로 묶은 표현은 강철과 합금보다도 질기며 영원합니다

 꿈의 나비와 관념의 벌레들이 내 뇌에서 태어나 여왕 거미에게 먹힙니다

 여왕 거미는 태양의 혼이며 시간과 공간을 빛의 그물로 엮어 세계를 그려냅니다

여왕 거미의 독에 취한 몽상 학인은 독수리의 눈과 박쥐의 귀로 세계 환상을 이미지로 불러와 시를 씁니다

뱀 치마를 입은 아즈텍의 여신 코아틀리쿠에의 심장에서 '꽃과 노래'의 시가 흘러나옵니다
블랙홀인 시공간의 궁창을 지나가는 태양 거미, 하늘의 별들이 불타는 꽃잎처럼 떨어지는 예언의 밤, 천만 송이 언어의 장미가 피어 있는 미로원
마야력 5태양의 시간이 저무는 황혼 속에서 뇌 안의 여왕 거미가 비슈누의 꿈과 같은 암흑질서의 무늬를 펼치는 동안
세계정신을 보려는 몽상 학인의 시가 독이 오른 뱀눈을 뜨고 바람에 흔들리는 거미 도시의 불안 속에 있습니다

7.

푸른 장미-이데아

 타임캡슐에서 꺼낸 과거 기록은 육체가 죽어야 하는 인간이 피 흘려 쓴 기록들
 빛의 칠판에 홀로그램으로 쓴 텍스트를 강의하는 ORACLE-집단지성은 선대 문명의 고고학 문헌을 바이블처럼 펼쳐내겠지

 NAVER-사이버공간에는 한글 텍스트로 쓰인 시들이 있네
 시들의 저자가 혹시 전생의 나였던가?
 늙은 학인은 인공 동면에서 꿈 깬 미이라 인생처럼 이상한 눈물을 흘리리라
 로제타석의 비문碑文 같은 기호의 난독에서
 시란 이데아-푸른 장미를 상기하는 스무고개임을 문득 깨달았기에

개망초꽃—부적符籍

 늦여름 녹음이 위험한 아름다움을 보여주는 저녁입니다
 하늘에는 검은 구름이 늑대처럼 울부짖기 시작하는 저녁입니다
 벌판 소나무 숲이 바늘 같은 침묵의 푸른 빛을 허공에 내뿜는 저녁입니다
 소나무 뿌리가 뱀 무리처럼 드러난 공터에서 청설모들이 나뭇가지를 뛰어넘는 저녁입니다
 까마귀 검은 날개와 황혼이 칵테일처럼 섞인 저녁입니다

 당신께서는
 쐐기풀에 날개를 접은 산제비나비와 저녁 하늘에 뜬 얼음 같은 흰 달을 불러주세요
 밤하늘 정원에서, 탄생과 죽음의 이상한 수수께끼 속에서
 아름다움이 가리키는 존재의 신비—그 부적符籍을 개망초꽃처럼 보게 해 주세요

컬럼비아산 커피

 컬럼비아산 커피가 내 서재에 오기까지의 인연을 생각하네
 컬럼비아의 하늘과 검은 땅과 햇빛과 물과 바람이 이 커피 열매에 스며들었다는 생각
 컬럼비아의 검은 원주민의 땀과 노동과 석유 불길이 커피 열매를 말렸다는 생각
 컬럼비아의 트럭과 기차와 화물선과 무역상들의 욕심이 커피 열매를 한국에 실어 보냈다는 생각

 기운을 북돋아 주는 커피 향이여, 그 불길이 꺼지지 않기를
 기운을 북돋아 주는 커피 맛이여, 네 사유의 불꽃을 화려하게 꽃피우기를
 기운을 북돋아 주는 카페인이여, 내 시의 불꽃을 축복하기를

교차로에서 산책가의 방황

이정표가 있는 네거리에서 금강이 있는 대평리 벌판으로 갔더라면
안개는 한 폭의 수채화를 보여 주었을까
코스모스 꽃은 암호가 되고 대지는 숨 쉬는 고래처럼 기를 뿜는 낯선 풍경으로 산책길을 유혹하였을까

그날 아침
세계는 시인의 꿈꾸는 눈을 하고 산책가를 연인처럼 쳐다보았다
현실의 꿈에서 깨어나지 못한 산책가는 그 눈을 마주 보지 못하고 습관처럼 세종시 아파트의 안락함으로 돌아왔다
무도회에의 초대를 거절한 남자처럼
문명의 시스템이 설계한 감옥에 적응한 죄수처럼
지도를 잃어버린 마젤란처럼

매트릭스matrix-창세기

프로그램 창세기가 열리고

'나는 생각한다, 고로 나는 존재한다'라는 데카르트의 명제가 '기호는 생각한다, 고로 기호는 존재한다'라는 명제로 바뀐 신세계

기호와 개념들이 하늘의 별처럼 바닷가의 모래처럼 복사되는 신세계

인간 시대 기호론자들이 바이블 선지자처럼 추앙을 받는 신세계

인류문명은 기호 시대 수면 아래로 잠기고 기호를 신으로 모신 컴퓨터와 로봇이 불사 영생을 얻는 에덴 설화가 새롭게 창조된 신세계

아들아 불구경 가자

매트릭스가 일월성신과 산천초목을 수놓은 시뮬라크르 simulacre 미궁을 불구경 가자

매트릭스가 인간 시대의 중생과 아라한과 보살과 부처도 분서갱유한 거미줄 화택으로 불구경 가자

* 매트릭스matrix: 수학에서는 행렬行列. 컴퓨터에서는 부품을 종횡의 그물회로로 연결하여 구성한 장치. 여기에서는 모체, 기호의 자궁에 해당하는 개념으로 썼다.
* 시뮬라크르simulacre: 플라톤이 세계를 이데아, 이데아의 복제물인 현실, 현실의 복제물인 시뮬라크르로 구분한데서 기원. 포스트모던 철학에서는 자본기술문명이 하나의 코드로 복제품을 다량생산하면서 이미지인 시뮬라크르가 현실을 선행하는 세계관으로 해석.

거울아, 거울아

  영화감독이 메가폰으로 컷을 선언하고 배우들이 방금 연기했던 영화의 스토리를 까마득하게 지우는 순간이 왔다
  죽음이 사형집행인처럼 도끼를 들어 거울의 목을 쳤다

  거울 공간이 깨지고 어둠의 비가 폭포처럼 쏟아졌다
  거울 시간이 깨지고 암흑물질이 노아의 홍수처럼 세상을 가라 앉혔다
  거울이 비추었던 세상에서 제일 아름다웠던 풍경이 캄캄하게 지워졌다
  하늘 아래 모든 풍경을 기호 인드라망으로 엮은
  중중무한重重無限-꿈이라는 거울
  구중궁궐-꿈이라는 거울

출판 공장-책의 광택

그 도시 한 귀퉁이에 출판 공장 하나가 서 있었다
출판 공장이 생산하는 책은 인간의 삶이었고 공장의 이름은 과거와 현재와 미래였다
책은 광택이 나도록 닦여졌다
행위行爲라 부르기도 하며 유위有爲라고 부르기도 하는 이 광택 내기 작업은 인생 책들의 목표가 되었다
남자들은 부귀영화로 책의 광택을 얻고자 했고
여자들은 화장과 패션으로 책의 광택을 얻고자 했다

그 도시에 있는 아파트들이 알고 보니 출판 공장이었다
폐지 재생을 위한 인생 책들이 휴식과 잠으로 재충전하는 재활 공장이었다
책과 책 사이, 관계와 관계 사이에 표지사진의 광택이 번들거렸다
네거리 골목에서는 낡은 책들의 수거를 위한 청소차들이 법과 윤리의 완장을 차고 돌아다녔다
출판 공장에서 배출한 부산물이 쓰레기장에 산처럼 쌓였다
이 도시에서는 죽음도 광택을 내기 시작했다

불 꺼진 마을–소비 사회

 소비 사회가 격양가를 부르던 시절은 지나갔구나
 낮에는 땀 흘려 공장에서 일하고 저녁에 고기 안주와 막걸리로 하루 피로를 푸는 대장부의 시대는 지나갔구나
 공장은 멈추고 실업자들이 시리아 난민처럼 국경을 넘어가겠구나
 존 스타인벡– '분노의 포도'가 그린 대공황 시절 일꾼들처럼, 가뭄과 전쟁보다도 더 무서운 디플레이션이라는 흑사병이 도는 시대가 되겠구나

 지식과 자본의 물이 호수처럼 풍부해서 수도꼭지를 틀면 상수도처럼 콸콸 흘러드는 21세기의 문명사회가 바로 코앞이었는데
 고지가 바로 저기였는데
 '나쁜 사마리아인들'의 탐욕이 지구촌 부를 빨아들여 인류는 가난해지고 수입이 없으니 경제의 겨울이 도래했구나
 자본주의가 인플레이션 영양수액 대신 디플레이션 독액을 수혈 받아야 하니 시스템의 모든 경제 주체가 고통스러운 비명을 지르게 되겠네

1프로 부자들만 빼고

비가 내리네
디플레이션-이십 년 주야 동안 내려 세상의 모든 경제 도시를 수장시킬 불황의 비가
영국 브렉시트를 시작으로 선진국은 보호무역 장벽을 도미노처럼 올리겠구나
시장을 잃고 한계수익 절벽에 이른 다국적기업 자본들은 국제전쟁으로 위기를 돌파하려 하겠구나
2차 세계대전이 제국주의 산업공급과잉을 해결했듯이
8천만 명의 사상자와 산업시설의 초토를 얻고서야 끝장이 났듯이

미국과 러시아와 일본과 중국 고래들의 틈바귀에서 새우등만 한 땅덩이에 사는 코리아여
북쪽 새우와 남쪽 새우가 씨름 놀이를 하고 있는 동방의 등불 코리아여
고래가 몸 뒤집은 쓰나미가 오면 등이 터져나가겠구나
불 꺼진 마을이 되겠구나

대전시 중구 대흥동 326번지

태풍이 지나간 하늘의 끝에는 먹장구름이 있고,

오십 년이 지나 찾아간 옛 동네의 골목에는 다시 개축한 집들이 있고

시멘트 담장의 검은 그늘을 타고 오른 붉은 능소화가 있고

지붕에 전기를 공급하는 전봇대의 전깃줄이 얽혀 있고

초등 삼학년 여름방학 때 외갓집으로 놀러 온 서울 아이가 있던 우리 집 윗집이 있고

단정한 카라와 서울 말씨가 환하게 빛났던 어두운 골목길들이 있고

금방 친해져서 만화책도 같이 보고 매미도 같이 잡던 수도산 언덕이 있고

서울 아이가 "나 내일 서울 간다"는 말에 대전 아이가 고개를 숙여 눈물을 글썽였던 대흥동 오동나무 그늘이 있고

대전 아이가 대학은 친구가 사는 서울로 가고 싶다는 생각을 했던 도지사관사 담장이 있고

이상도 해라, 옛집 근처에는 흰 깃발과 붉은 깃발이 걸린 무속인의 집이 있고

여기가 우리 집터일까 확인하기가 두려운 불안이 있고

〉

늙은 아이가 큰길로 나서니 '대원수퍼 24시'가 있고

내 또래의 늙은 여자가 카메라를 든 나를 보고

-"무엇을 찍고 있어요" 하길래

-"제가 50년 전에 여기 살았어요, 옛날에도 이 자리가 가게였지요" 대답하는 늙은 아이가 있고

-"맞아요, 그때에는 '영동상회'였지요", 하고 대꾸하는 늙은 기억이 있고

늙은 여자가 옛날의 늙은 아이를 알고 있다는 짐작이 있고

황순원의 소나기 같은 에피소드와 추억이 있는 것은 아니지만

옛날의 소년과 소녀가 인생의 걸어간 길과 '가지 않은 길'을 서로 쳐다보는 순간이 있고

늙은 아이가 도지사관사 정문 앞길로 가니 아직도 일본식 가옥의 형태가 있는 집이 있고

붉은 벽돌의 담장 앞에는 허리가 더 굵어진 플라타너스가 있고

늙은 뇌 안의 구름 속에는 과거의 기억을 캄캄히 불러

오는 번개 길이 있고

  옛날의 아이가 수도산 풀밭에서 깨어 아침인지 저녁인지 어리둥절해서 내려온 황혼이 있고

  옛날의 아이가 백일몽도 모자라서 한밤중 꿈에서 찾아가는 실낙원–대흥동 집이 있고

  가시철망이 있는 관사의 높은 담들이 '돌아와요 부산항에'를 부르는 골목길들이 있고

  대흥동 집에는 생전의 모습으로 내 밥상을 준비하는 어머님이 있고

  작은 내 방에는 교과서와 참고서들과 대본 소설들이 어지럽게 널려 있고

  늙은 아이가 꿈속에서 대흥동 집을 찾아가 인생의 피로 때문에 체면도 없이 울던 날, 황금 후광이 내린 얼굴로 웃는 죽은 아버지가 있고

  대흥동 집 오동나무 그늘 아래에는 평상 위에 산처럼 쌓아 놓은 만화책들이 있고

  옛날의 몽상 아이가 꿈속의 꿈–아라비안나이트를 읽고 있는 순간이 있고

신데렐라, 신데렐라

 선량한 어머니가 죽자 재혼한 아버지의 사악한 계모와 의붓언니들과 같이 살게 된 신데렐라

 언니들이 좋은 옷과 침대의 사치 속에 사는 동안 아궁이 곁의 잿더미에서 사는 신데렐라

 왕자의 배필을 위한 무도회에 계모의 딸들은 무도회를 가지만 남루한 옷차림 때문에 가지 못하는 신데렐라

 신데렐라의 슬픔을 본 수호요정이 누더기를 보석이 달린 드레스로, 호박을 마차로, 시궁쥐들을 말로, 도마뱀을 하인으로 만들어 공주처럼 만들어 주지만 마법이 풀리는 밤 12시 이전에 돌아와야만 하는 신데렐라

 12시 괘종이 치자 유리 구두 한 짝만 남기고 도망치는 신데렐라

 왕자의 유리 구두에 신데렐라의 발이 로또처럼 당첨돼서 왕비로 살게 된 신데렐라

 여기까지는 샤를 페로의 동화책을 읽은 사람은 누구나 아는 신데렐라 스토리

 왕자는 신데렐라의 성적 매력이 떨어지자마자 대화의

빈곤을 느껴 귀족 처녀의 세련과 교양에 끌린다는 상상이 가능한 신데렐라

신분이 천한 시골뜨기를 왕비로 모신 궁정 신하들의 온갖 참소讒訴가 시작되었다는 뒷담화가 있는 신데렐라

유럽의 궁정 결혼이란 영토와 지참금을 포함한 권력과 부의 결합이고 적국에 대한 동맹의 성격이 있기에 지참금이 없어 무기력한 신데렐라

창녀 출신에서 동로마황제 유스티니아누스의 황비가 된 테오도라처럼 풍부한 현실 경험과 지략도 없는 신데렐라

여기까지는 유럽역사를 공부한 학자들이 제기할 수 있는 신데렐라 현실 스토리

구두 한 짝의 비밀에 더 많은 생략 이야기가 있는 신데렐라

구두 한 짝이 없는 신데렐라의 불편한 다리는 다리를 절었던 오이디푸스처럼 인간의 불완전함으로 운명적인 고난을 받는 모티프가 숨어있는 신데렐라

신데렐라 옛날 판본에서 여자 주인공이 마법의 도움을

받아 실제로 갔던 곳은 저승의 왕궁
  운명적으로 흘린 신발 한 짝–저승 세계의 각인
  저승사자인 왕자가 여자 주인공을 찾아오는 빌미를 주는 무서운 이야기 신데렐라
  저승 비행술을 가진 샤먼들은 현실 세계에서는 다리를 저는 불구, 여자 주인공은 샤먼이라는 암시가 있는 신데렐라
  인간의 불완전함이 삶을 제약하는, 낙원 콤플렉스의 변형이 숨겨져 있는 신데렐라

  여기까지는 세월의 양피지에 덧칠한 시간을 파헤친 신화학자의 분석을 거친 신데렐라 스토리

  창녀인 줄리아 로버트가 백만장자인 리처드기어와 결혼함으로써 무명에서 세계적 배우가 되는–'귀여운 여인'의 원조 신데렐라
  '재를 뒤집어 쓴 소녀'는 왕자와 결혼함으로써 신분상승과 지복의 꿈을 이루기에 바이블보다 많이 팔렸다는 스토리 신데렐라

마법은 모두 사라지고 부와 권력의 욕망만 남았기에 자본사회의 금수저 환상을 부채질 하는 신데렐라
  신화의 환상을 따라간 독자들만 마음의 어두운 크레타의 왕궁에서 무의식의 괴물을 만나게 되는 신데렐라

* 신데렐라에 관한 비평과 연구서들의 가설을 참고.

8.

지질 시간 rewriting

야훼가 진흙에 숨을 불어 넣어 창조한 인간 기호-아담adam

로마인들의 흙이라는 뜻으로 부른 인간 기호-호모homo

불가佛家에서 인간은 대지로 돌아가 적정寂靜을 얻는 존재라는 뜻으로 기록한 열반涅槃 기호-니르바나nirvana

흙의 인간이 문명 기호로 쓴 지구 양피지에는 천일야화千日夜話 같은 이야기가 있다

B.C. 1만 년 전 충적세의 온화함 속에서 인류는 신석기 농업혁명을 시작했다는 기록

잉여농산물이 도시를 만들고 왕과 군대와 관료와 세금과 정복전쟁과 노예를 만들어서 인류 불평등이 시작되었다는 기록

마약과 술이 인간 뇌를 자극해 진화의 오랜 잠 속에 갇혀있던 꿈의 의식-에고ego가 잠자는 숲속의 공주처럼 깨어나고 인류는 세상의 영토를 기호와 숫자의 지도에 가두기 시작했다는 기록

종교와 예술과 과학의 가상과 가설들이 팽창을 시작해서 밈meme스토리들이 DNA처럼 대대손손 인간 뇌에서 떠

돌아다녔다는 기록

  자본과 기술이 인간세를 축복해서 70억 인구가 하늘의 별처럼, 일억 가지의 상품이 바닷가 모래알처럼 넘쳐났다는 기록

  세계 열방에서 생산된 식품이 입맛에 맞춘 종류대로, 세계 디자이너들이 재단한 옷이 패션에 따른 종류대로, 화물선과 수송기로 나라의 항구와 공항마다 도착했다는 기록

  인간 호기심이 컴퓨터와 휴대폰과 게임기를 제조하였으니 역사 이래 모든 지식과 재화에 대한 관리 정보가 마이크로 칩의 메모리로 들어갔다는 기록

  지상에서는 도로와 철도가 문명의 동맥과 정맥처럼, 하늘에서는 구글 검색 네트워크가 문화의 거미줄처럼 뻗어 나갔다는 기록

  문명의 특이점에서 딥러닝deep learning으로 무장한 AI-알파고alphaGo제로가 출현하였는데 이로부터 시작된 기계 문명 창세기가 빛의 속도로 굴러갔다는 기록

  호모 에렉투스erectus 흙으로 돌아가 일부 뼈만 남았다

호모 사피엔스sapiens 네안데르탈렌시스는 멸종하고 호모 사피엔스 사피엔스는 크로마뇽인과 북경원인으로 갈려 유전자를 전달했으나 모두 흙으로 돌아갔다

호모 파베르faber 도시와 문명을 건축했던 도구 인간도 흙으로 돌아갔다

호모 루덴스ludens 놀이하는 인간도 흙으로 돌아갔다

호모 데우스deus 전지전능의 과학 지식과 기술 능력으로 스스로 신의 위치에 오른 인간도 흙으로 돌아갔다

세상의 모든 인류가 가이아여신-칼리kali의 집으로 귀환했다

홍루몽紅樓夢과 out of africa

오스카 와일드가 인구조사표에서 나이: 19세, 직업: 천재, 병약한 곳: 재능이라고 썼다는 윌리엄 버틀러 예이츠의 기록

옥스포드를 졸업한 신문기자가 나는 뭐라고 써야 할까요 묻자

오스카 와일드가 직업: 재능, 병약한 곳: 천재라고 대답했다는 윌리엄 버틀러 예이츠의 기록

오스카 와일드가 한국의 은퇴 백수를 보고 평가한다면 직업: 백수, 병약한 곳: 천재라고 썼을 거라는 생각

오스카 와일드라면 순식간에 100억을 탕진할 계획을 세웠을 것이나 한국의 백수는 1년에 10억 쓸 계획도 내놓지 못하는 걸 보니 천재가 아닌 것은 분명하다는 생각

생각해 보니 등단 후 삼류 작가들은 대충 10년을 견디지 못하고 사라진다

이류 작가들은 대충 이십 년을 견디고 사라진다

일류 작가들은 삼십 년을 지나 자신이 죽을 때까지 견디고 사라진다

천재와 대가들만 자신의 작품에 연금鍊金의 상상력을 도

금해서 죽은 후에도 시간의 부패를 견딘다

   오스카 와일드는 퇴폐 상상력–문체의 색깔로 도금해서 소설이 살아남았다는 생각

   코로나바이러스의 가택연금에 은퇴 백수가 중국 문학사–시간의 부패를 견딘–홍루몽을 펼쳐보네

   홍루몽의 인물–황제의 귀비가 된 원춘이 친정 나들이 기념으로 만들어진 대관원大觀園의 무대가 있고–그 정원에서 사는 주인공 가보옥과 임대옥의 연애 스토리

   "여자는 물로 만들어서 깨끗하고 상쾌하며", "천지간의 모든 정기가 여자에게 모아졌다"고 여자를 찬양하며 "남자는 진흙으로 만들어져 더럽고 구역질이 난다"고 말하는 feminist–가보옥

   주인공 가보옥이 여자들과의 사랑으로 의음意淫의 진리를 깨닫는 주제–홍루몽

   여자처럼 섬세한 가보옥의 성격과 운명은 조설근의 anima였는데 등장인물들의 캐릭터가 백화쟁명百花爭鳴하는 봄꽃들처럼 화려한 모습이라는 생각

   〉

강희제가 죽고 옹정제가 등극하는 황자의 난에서 줄을 잘못 선 조설근의 부친 조부가 삭탈관직에 재산 몰수가 되면서 가문이 몰락한 조설근은 말년에 죽으로 끼니를 연명하며 십 년간의 피와 땀으로 홍루몽을 썼다지

중국 문학의 꿈–홍루몽은 작가의 집안이 번성 귀족이어서 만권 책과 천 명의 문사들이 있는 화려한 무대에서 희로애락의 세월이 검은 글씨의 문장을 이룬 대하 스토리

작가 조설근이 40에 죽으니 남은 재산은 과부 며느리와 거문고와 칼뿐이었다는 기록

후세인들의 연구가 홍학紅學을 이룬 대작–홍루몽은 조설근의 집안 몰락과 일생의 신산辛酸이 만든 콤플렉스의 환몽인가

홍루몽은 유교 윤리가 감옥이 된 중국 문화에서 고목에서 피어난 한 송이 홍매紅梅 같은 아름다움이었으니 중국인들이 만리장성과도 바꾸지 않겠다는 자부심이었다는 기록

영국인들이 인도와도 바꾸지 않겠다는 세익스피어를 빗댄 허장성세의 말씀이었지만

〉

 은퇴 백수가 생각해보니 한 작가의 파란만장한 삶이 위대한 소설로 남은 작품이 유럽에도 있다

 막대한 재산을 상속받은 덴마크의 부르조아 카렌이 커피 농사와 결혼의 인생 실험을 위해 아프리카로 떠났으나 친구인 브릭센 남작과의 결혼도 커피 농사도 모두 실패하고 초원의 야생 사냥꾼 데니스와의 불륜만 추억으로 남은 소설-out of africa

 막대한 돈을 탕진한 모험이 한 편의 소설로 남아 카렌 브릭센의 삶을 고전으로 만들었으니 저승으로 가져갈 수 없는 돈을 지금 현재의 삶에 배팅한 여자의 용기가 빛나는 out of africa

 서가에 꽂힌 장편 소설의 표지를 쳐다보다가 네이버 영화에서 다운받아 약식으로 스토리를 돌려보네

 소설-out of africa는 주인공 카렌이 아프리카 종족-마사이 족과 기쿠유족과 소말리족이 어울려 초원에서 살아가는 백인 여자의 고투에 관한 이야기였지만 영화-out of africa는 시드니 폴락 감독이 메릴스트립과 로버드 레드포

드와 클라우스 마리아 브렌다우어를 캐스팅해서 연애물로 포장한 영화

주인공 카렌이 친지와 파혼한 브릭센 남작에게 자신의 돈을 보고 결혼해 달라는 청혼 장면이 인상 깊었던 영화

영화-out of africa에서 야생 사자가 사냥을 나선 카렌 브릭센-메릴스트립을 향해 달려오는 장면이 있었지
상징과 이름이 아닌 이빨과 발톱이 날카롭게 선 야생의 사자가 심장이 불타는 여자의 일생을 향해 질주하는 장면
감독은 연애의 욕망과 죽음이 장전된 인간의 삶이 엽총의 총알처럼 날아가 갈기가 빛나는-운명의 사자에게 명중되는 순간을 보여주려 했다는 한국 시인의 생각

황혼의 붉은 피가 내린 세종시에
황혼에 하얀 머리가 내린 늙은 산보자의 인생이 걸어가는 세종시에
사자처럼 목덜미의 갈기를 날리며 운명의 수레바퀴를 돌리는 세월의 세찬 바람이 불어오네
엽총이 있다면 한 발의 탄환으로 달려오는 세월의 사자

를 명중시키고 싶지만 한국의 은퇴 백수는 카렌 브릭센처럼 막대한 재산도 없고 아프리카로 떠나는 용기도 없고 피의 정열도 없구나

  out of africa-아프리카의 초원, 사자, 엽총 같은 언어만 있을 뿐

창백한 달—포세이돈의 인장印章

바다는 영원하리

지상의 모든 시간이 흘러들어 검푸른 심해—저승의 용궁이 이루어졌으니

밤이 오자 창백한 달—포세이돈의 인장이 드러나 세상의 모든 강이 지나온 사건과 역사를 귀환하도록 명령하고 있으니

코스모스-태양의 딸들

빛 폭풍에 온몸을 내맡겨 생명의 격렬함과 속삭임을
연주하고 있는 꽃잎들이여
암흑질서 에너지가 화살처럼 적중的中하고 있는 코스모
스 과녁이여

그 목숨 표지가
화인火印처럼 사진작가 렌즈에 찍혀 디지털 메모리에 흔
적으로 남을 때
바람 속에 흔들리는-빛의 변환인 cosmos 춤을
수정 거울처럼 들여다보고 있는
태양의 눈

길고양이는 유령처럼 길 한가운데 앉아 있다

초여름의 태양 아래 꿀벌들은 어디에 있는가요
초여름 숲의 그늘 아래 수국의 흰 꽃들은 등불처럼 빛나고 있습니다
벌들은 십 리 밖에서도 날아오지요
흰 꽃들의 향기는 숲속의 외길을 따라가지요
길고양이는 안개처럼 흐려진 과거를 배경으로 길 가운데 앉아있지요
현재가 화밀花蜜처럼 빛나는 한순간에
우리 인생처럼

밤하늘 눈썹에는 눈물 같은 별들

기억한다

문고리가 있는 창호지에 햇빛이 오자 단풍잎들이 꽃잎처럼 불타면서 탱자 울타리 아래 맹꽁이 소리가 콘트라베이스처럼 흘러나오던 순간의 기쁨

갑천 변에는 억새 숲이 자랐는데 징검다리를 건너가는 발소리에 청둥오리가 물소리 깊은 곳으로 달아나는 순간의 기쁨

밤하늘 눈썹에는 눈물 같은 별들이 떴는데 갑사 주차장에 차를 대고 구름 사이 창백한 얼굴을 내비친 하얀 달빛의 허리를 안고 갔던 순간의 기쁨

붓 천 자루에 벼루 백 개

예술가의 포에지는 손끝의 기교를 넘어서는 환상의 불꽃에 있지

도공이 흙에서 빚어 올린 다기가 실용을 위해서는 막사발이 되지만 임금에게 진상하기 위해 심혼을 불어넣으면 명기名器가 되지

예술가의 내면에서 불가마 천 도의 열이 미묘한 환상의 색감을 만들어 내는 비밀의 포에지

그 환상 불꽃이 없으면 도공은 도자기를 부수어야 하지

시도 꿰맨 흔적이 없는 언어의 태피스트리를 완성하기 위해서는 무수히 습작하고 버려야 하지

붓 천 자루에 벼루 백 개를 갈아서 버린 추사 김정희의 연습량처럼

옛 시인들이 시를 물 위에 떠내려 보낸 해프닝은 언어의 초월이 아니라 언어에 절망했기 때문이라고 생각을 수정하는 아침

동창東窓과 동창凍瘡 사이

동창同窓
학교에서 같은 창을 보면서 공부한 사이
고교 동창들이 부잣집 곰탕에 모여 수육과 소주를 먹는 사이
부자나 가난한 자나 같은 세월을 보낸 사이

동창東窓
해가 뜨는 희망의 미래를 같이 쳐다본 사이
'동창이 밝았느냐 노고지리 우지진다' 농경시대의 한가閑暇가 아니라 '새벽종이 울렸네 새 아침이 밝았네' 경제개발 속도전에서 미래의 성공을 꿈꾸었던 사이
인생의 미래가 무서운 현실이었음을 몰랐던 사이

동창東廠
명 태조가 세운 사대부 감찰 비밀 정보부처럼 서로가 관심으로 감시하는 사이
누가 출세하고 누가 외국에 나갔는지, 자식들은 SKY 대학을 나와 고급 공무원이 되거나 대기업에 취직했는지를 물어보는 사이

할아버지가 된 후 종의 경쟁에서 패배하지 않았는지 훔쳐보는 사이

동창凍瘡
시간의 겨울이 와서 얼굴에 검버섯이 뜨고 몸과 정신이 무너지는 종양을 키워 만나는 사이
일부는 벌써 공원묘지에 누워 있고 대부분은 은퇴 백수로 병 들어가는 모습을 바라보는 사이
폭탄주와 노래방 가무로 KTX를 탄 죽음을 잊고자 하는 사이

목포의 눈물

햇빛이 시든 해바라기 꽃잎처럼 노래지는 오후
스포츠 색sack에 스마트폰을 넣고 블루투스 이어폰을 귀에 꽂은 채 산책을 나간다
이난영의 목포의 눈물을 듣는다
과거에 뽕짝이라고 경멸했던 노래
어느새 옛 가수의 비음과 선술집 작부의 젓가락 장단 같은 트로트가 달콤한 나이가 되었다

클래식 기타를 치는 고3 수학 교사 딸에게 "이 가수의 슬픈 음색이 기가 막히지 않냐?"고 동의를 구했더니
"에이, 저런 곡을 어떻게 들어요. 아빠 귀가 늙으셨어요." 하며 타박을 받았던 노래

클래식은 수학적 추상의 대위와 화성 때문에 훈련을 받은 감성만 접근이 가능하다
한때는 마이너 레이블의 음반 재고를 찾아 인터넷을 방황한 컬렉터였지만
음반 속의 스타인웨이와 홈멜과 삼익의 피아노 음색을 구별할 수 있었을 때쯤 음악을 놓아버렸지

손가락 사이로 빠져나가는 부富를 물끄러미 바라보는
노년의 파산자처럼

 과거에 시골 버스 운전사가 틀어 놓은 가요 반세기에서
목적지까지 간신히 참고 들었던 노래
 내가 딸아이만 한 나이였다면 똑같이 말했을 노래

이집트 환상

스카이 여행 채널에는 이집트 유적들을 보여주는 프로그램

이집트 기자 피라미드에는 현세의 관광객들이 구름처럼 몰려 있네

오이디푸스에게 수수께끼를 묻지 않는 스핑크스

사막의 물 냄새를 부서진 코로 찾고 있는 스핑크스

쿠푸와 카프레와 멘카우레의 피라미드 배치가 밤하늘 오리온 별자리를 가리킨다는 학설이 있는 피라미드

이집트 왕조를 세운 태양의 아들들은 하늘 저편 사람들일지도 모른다는 호사가들의 암시가 마음에서 빛나네

"나는 모래 속에 묻혀 있다. 괴로워 죽겠으니 모래를 파고 나를 꺼내 다오. 그렇게만 해 준다면 나는 너를 이집트의 파라오로 만들어 주겠다."

기원전 15세기 투트시모스 4세가 왕자의 신분으로 스핑크스의 발아래서 꾼 예지몽과 예언이 이루어졌음을 기록한 꿈의 비문碑文은 사막의 이상한 마법이었지

현실은 코발트색 하늘에서 태양이 불타오르고 스핑크스는 코가 부서진 세월을 보여 줄 뿐이었지만

〉

'아침에는 네 발로 걷다가 점심에는 두 발로, 저녁에는 세 발로 걷는 것이 무엇인가?'라는 스핑크스 수수께끼에
  오이디푸스는 '인간'이라는 해답을 내고 테베의 왕이 되었다는 이야기
  스핑크스는 지식의 러시안룰렛 놀이에 패배해 절벽을 뛰어내려 죽었다는 이야기
  오이디푸스는 운명의 고발로 친부를 죽이고 친모와 결혼한 범죄자가 자신임을 알고 스스로 두 눈을 뽑은 후 사막을 방랑하는 신세가 되었다는 이야기
  이 이야기는 인류 지식이 델포이 신탁의 오라클이라는 알레고리인가?

  스핑크스의 다른 수수께끼
  '언니가 동생을 낳고 동생은 언니를 낳는다. 이 자매는 누구인가?'라는 대답은 바로 '낮과 밤'
  불멸하는 시간과 유전하는 사물의 존재를 생각하게 하네
  이집트 하늘의 신 누트와 대지의 신 게브는 서로 오누이 사이

근친상간의 금기를 거슬러 올라가면 만물이 탄생한 숭고한 비밀이 숨겨져 있네
대지의 성기가 하늘의 자궁과 결합하는 도착倒錯은 심연의 어둠 속에 가려져 있네

생에 지친 자와 그 혼과의 대화가 낡은 파피루스에 기록된 이집트
신전과 왕들의 석상과 벽화의 무게가 산처럼 무거운 이집트
파라오의 혼이 호루스의 눈으로 빛나는 이집트
관광객들은 카메라에 주문呪文으로 봉인한 피라미드 마법을 기록하지만
디지털 메모리에는 사막 위의 돌덩이가 찍힐 뿐, 몇 천년의 고색창연한 시간은 온데간데없네
초월 시간은 아마도 모래벌판 아래로 사라진 강이었거나 하늘로 올라간 구름이어서 육체를 가진 인간은 만질 수 없는 신기루였네

무덤과 묘비명은 누구를 위하여 만든 돌 책들인가?

몸의 꽃 기운이 무너지자 세상은 문인화에 갇힌 매란국죽 같은 풍경

화밀이 있을 때 벌과 나비도 날아오고 춘사春事와 시절 인연이 맺어지는 거지

꽃들도 상강霜降이 오면 추해지고 가을 산보객은 얼굴을 돌리게 되는 것을

인간에게는 대지의 죽음만이 영원한 진실

시간을 방부 처리한 이집트의 비의秘儀가 가슴을 설레게 했지만 알렉산드리아의 장서들이 불타 버린 지금

다른 세상으로 가는 지도는 얻을 수가 없네

학인은 누에고치 속의 벌레처럼 입으로 시간을 토해 칭칭 감으면서 자신의 무덤을 만들고 있네

영생을 질투하는 환몽에 갇혀 있는 나

카발라의 조하르와 참동계參洞契의 문장 속에서 하늘에서 지상으로 가지를 드리운 영생의 생명나무를 상상해 보네

이 길을 걸어간 예수와 마호메트와 석가의 형극이 어릴 적 우리 집의 탱자나무 울타리 향기처럼 몰려왔지만

문명의 미로가 날마다 복잡해지는 21세기 도시에서 사자가 아닌 쥐의 삶을 사는 학인은 몸과 영혼이 창백하게 말라 가네

열반경의 기록에 석가는 태양이 떠오르는 새벽에 수행의 모든 의혹을 지우고 기쁨에 잠겼다지
보리수나무의 하늘에 만화경처럼 얽혀진 세계의 모든 연기緣起가 명경지수처럼 드러났기에
시인인 나는 꿈의 궁전이 사라진 폐허에서 눈물을 흘렸겠지만
이스라엘 성전이 무너졌기에 대대손손 통곡의 벽 앞에서 우는 유대인들처럼

로미오의 꿈–칼리 여신을 사랑함

 등불이 켜지기 전에도 존재했고 등불이 꺼진 후에도 살아 있는 당신
 당신의 사랑과 관심으로 시작된 내 인생의 그림을 생각합니다
 딸 넷을 낳고 절망한 어머니가 장독대에 정화수를 올리고 새벽에 백일기도를 해서 낳은 외아들을 기뻐하는 모습이 있습니다
 동네 무당이 엄지 척의 인물이 될 거라 예언해서 어머니의 자부심과 환상은 마당의 키 큰 가죽나무처럼 무성했지요
 몽상 소년은 대전시 대흥동에 있는 충남 도지사관사의 후문 뒷골목에서 이웃사촌인 도지사의 권력을 동경하며 자랐습니다
 목숨의 파도에서 일어난 제비 새끼들이 노란 부리를 벌리는 것처럼
 어둠에 몸을 기댄 빛의 새가 겨드랑이 날개를 키우는 것처럼
 꿈의 아들이 시절 인연의 하늘을 향해 날아갔습니다
  〉

등불이 켜지기 전에도 존재했고 등불이 꺼진 후에도 살아 있는 당신

당신은 중고등학교 시절의 짙은 우울과 몽상 속에서 팝과 아리아의 여가수 목소리로 다가왔습니다

당신은 화집에서 본 보티첼리의 비너스나 모딜리아니의 잔느처럼 다가오기도 했습니다

당신을 향한 사랑을 적어 보는 낙서들이 조금씩 시의 형태로 드러났지요

대학 시절의 죽을 것 같은 첫사랑의 경험

신춘문예로 시인의 관사를 머리에 얹은 일

현실의 여자를 만나 결혼을 하는 인생 역정이 모두 당신의 변신 이야기임을 나중에야 알았습니다

토끼풀 흰 꽃들은 어두운 소나무의 그늘 아래 더욱 빛나고

운명에 관한 생각들은 하늘에 뜬 흰 구름을 배경으로 더욱 어두웠던 몽상의 시절에

당신의 노래가 새의 고음과 맹꽁이의 저음으로 사랑과 죽음을 노래하는 오페라 아리아임을 그 당시에는 몰랐습니다

〉

등불이 켜지기 전에도 존재했고 등불이 꺼진 후에도 살아 있는 당신

몽상 학인이 현실의 개미지옥에 빠져 영혼이 녹아내리고 있는 사십 대 중반

당신의 현몽한 꿈을 지금도 잊을 수 없습니다

꿈속에서 당신은 화형대에 얹힌 마녀였습니다

두렵게도 당신은 마녀의 모습으로 몽상 학인을 사랑한다고 했으나 몽상 학인은 마녀를 비난하는 재판관들의 권력이 무서워 그 자리를 피했습니다.

불길에 타 죽으며 몽상 학인을 바라보았던 당신의 눈과 비명을 잊을 수가 없습니다

몽상 학인이 화형장을 떠나 교회의 장례식에 갔는데 라이벌 관계의 직장 동료가 가면을 쓰고 입장하라고 했습니다

꿈속에서도 가면을 쓰고 바라보는 관의 주인공이 몽상 학인이라는 생각이 들었습니다

꿈을 깬 그날 새벽에 양심의 가책으로 몽상 학인이 울었고 꿈의 의미는 분명했습니다

메두사의 얼굴로 나를 바라보는 당신의 얼굴은 몽상 학

인의 심장을 돌로 만들 것처럼 떨리게 하고 무섭게 했습니다

  등불이 켜지기 전에도 존재했고 등불이 꺼진 후에도 살아 있는 당신
  노후가 불안했던 몽상 학인은 아내와 막 열풍이 불었던 컴퓨터 학원을 시작했고 타이밍이 어긋난 사업은 IMF가 오자 투자금이 모두 휴지가 되었습니다
  당신은 구운몽의 성진처럼 부귀영화의 꿈에 빠진 나를 파산 직전에서 구출해 죽지 않을 만큼만 경고했습니다
  당신이 원하는 꿈의 배우인 시인으로 살도록 운명의 여신 모이라에게 압력을 행사하였지요
  프로스트의 시 '가지 않은 길'의 주인공처럼 몽상 학인은 인생의 두 갈래 길에서 사람들이 가지 않아 수풀이 무성한 좁은 길을 선택하지 못했습니다
  불현듯 꿈 깬 자리에서 되돌아가야 할 먼 길을 쳐다보니 몽상 학인의 나이 벌써 오십이었습니다
  몽상 학인은 서가 구석의 돈 되지 않는 시 원고를 십 년 만에 다시 꺼내고 체념한 인생의 와신상담으로 맹렬히 시

를 쓰고 발표를 했습니다

 등불이 켜지기 전에도 존재했고 등불이 꺼진 후에도 살아 있는 당신
 당신이 드러낸 죽음의 꿈은 시간과 공간에 펼쳐진 천라지망이었습니다
 저녁노을이 세상을 피로 물들인 하늘에서 태양신 라의 마차를 타고 당신은 검은 베일을 쓴 지혜의 여신으로 몽상 학인을 쳐다보았습니다
 밤의 안개 속에서 빛의 기화요초가 핀 정원에는 당신의 권력이었던 황금 인장의 무거운 침묵이 있었습니다
 생명을 주고 또 거두어 가는 당신의 섭리가 지상의 모든 꽃을 떨어뜨리는 순간처럼 아름다웠습니다
 찔레꽃과 하루살이와 내 목숨이 당신의 에너지에 심지를 담아 등불처럼 빛나고 있었을 때
 당신은 인생의 미로를 쥐처럼 기어가는 몽상 학인의 영혼을 독수리의 눈으로 찾아내서 당신의 치마 아래로 가두었습니다
 "너는 내 사랑에서 피어난 존재의 꽃이라는 등불일 뿐"

당신이 북극성 같은 지혜의 말씀을 하자 현명한 체념의 기쁜 감정이 몽상 학인의 정신을 빛나게 했습니다

등불이 켜지기 전에도 존재했고 등불이 꺼진 후에도 살아 있는 당신
저는 당신이 펼친 칼리 유가의 시대
'재산이 사회적 지위를 주고 정욕과 음란이 부부간의 유일한 끈이며 허위와 거짓이 성공의 조건이고 의례에 빠진 껍데기 종교가 무덤의 비석처럼 서 있는' 무대에서 지옥의 꿈을 꾸고 있습니다
당신은 사방팔방에 팔을 뻗는 천수관음처럼 세상의 모든 사건을 만져 꿈으로 만든 황금 궁전을 세우고 있습니다
몽상 학인의 목숨이 다하는 날, 꿈의 묘비명에 적힌 시인의 일생이 성공이었는지 실패였는지 상관없는 순간이 오겠지요
몽상 학인은 이승의 시간을 내려놓고 강 건너 어두운 숲에 있는 당신의 궁전으로 흰 새처럼 날아가겠지요
당신은 몽상 학인의 일생이 당신의 사랑을 얻기 위해 노심초사한 로미오의 꿈이었음을 이미 알고 있겠지요

9.

커피와 사약

커피 중독이 세종시 나성동 어반 아뜨리움 상가들이 라스베가스 스트리트 몰처럼 올라간 산책길의 마지막에 이르러

커피 중독이 상가의 윈도우에 황혼이 비쳐 있는 투섬플레이스로 갈까 이디야로 갈까 망설이는 끝에 이르러

커피 중독이 이디야 커피숍에서 아메리카노 한잔을 시키고 창가에 앉은 방황의 끝에 이르러

커피숍 창밖에는 휙 바람이 불어 가로수 이파리가 '너 자신을 알라'는 아폴론 신전의 경구처럼 흔들리고 있는 끝에 이르러

커피 중독이 대학 첫 미팅 때 너무 떨려 커피잔을 잡을 수가 없었다던 친구의 청춘과 노회한 시골 의사로 늙은 일생을 뜬금없이 대비하고 있는 생각의 끝에 이르러

커피 중독이 둥근 알람 판에 불이 들어와 기다림의 보상을 받는 만족에 이르러

스님도 커피콩을 프라이팬에 볶아 드는 시대–커피 중독이 집착과 달관의 사사무애事事無礙에 이르러

커피 중독이 커피에 반응한 심장의 부정맥이 두려운 순간에 이르러

커피 중독이 그래도 커피를 포기할 수 없어 커피를 마시는 순간에 이르러

커피 중독이 '커피를 사랑하다 죽은 시인'–카피copy와 에피소드의 백 년 저작권을 가족에게 유언하는 백일몽에 이르러

커피 중독이 사약처럼 황홀한 소마soma–카페인이 지금 현재를 오르가즘으로 몰아가는 열반에 이르러

커피 중독으로 온몸이 죽음처럼 조용해지는 순간에 이르러

꿈과꿈-목포 해상케이블에서 백운동 원림까지

인생 70에 도착했거나 70을 바라보는 '꿈과 꿈' 아카데미 회원들이 KTX를 타고 목포를 가네

늙은 학인이 서대전역에서 10시 52분발 시간을 계산해 일찍 세종을 출발했으나 간발로 BRT를 놓치고 간발로 반석역-지하철을 놓치고 20분을 지체해 서대전역에 이르니 휴대폰으로 두 번이나 독촉한 김갑중 원장과 양애경 교수가 게이트에서 기다리네

3호 차 특실에서 서울 출발 임숙빈 교수와 조우하고 계룡역에서 구수경 교수가 007 작전처럼 도킹하고 꿈의 transformer-완전 합체를 이룬 회원들이 도착한 목포역

일행은 북항 승강장에서 해상 케이블카를 타고 중간 기착지 유달산에서 이난영 노래비를 보고 싶었으나 패스하고 고하도 승강장에 내렸지

늙은 학인이 용오름 숲길을 지나 고하도 전망대를 지나 해상 데크길을 지나 용머리에서 회귀해서 다도해변을 보는 케이블 관광을 마치니 피곤하구나

늙은 학인이 어지럼증으로 흔들리는 다리를 지팡이에 의지해 예약 숙소인 현대호텔에 도착하니 피곤하구나

〉

다산 정약용 선생이 제자 초의선사에게 '백운동도'를 그리게 해서 12승경을 노래한 강진 백운동 원림의 12경을 보러 가는 길

조선 중기 선비들의 은거 문화를 알려준다는 향토문화유산 22호 백운동 원림 가는 길

안개의 미로와 차의 네비게이션은 큰길을 벗어나 마을 소롯길을 short-cut으로 안내하기도 하고

안개가 꿈과 꿈의 원림을 보여주려는지 일행을 태운 차는 차밭과 천변을 지나 구불구불 돌기도 하고

원림의 대나무 숲은 푸른 바람을 잠재워 문인화 석죽도 石竹圖처럼 침묵을 품고 있네

울울창창한 대나무 숲은 금성무와 장쯔이 주연 무협 영화 '연인'의 장면을 불러오네

경공 무예로 대나무를 타고 주인공들을 추격하는 금의위 군사들이 비도문飛刀門 고수가 던진 10개 단도로 추풍낙엽처럼 죽어 나가는 장면

원림 애호가 박 선생이 추천한 포토존에서 사진을 몇 장 찍고 구렁이처럼 구부러진 길들을 돌아 나온 백운동 원림

일행들의 의견은 호남 삼대 정원의 하나-소쇄원瀟灑園보다 낫다는 의견이었지

박 선생이 근무하는 원광대학교 부설 병원도 구경하고 낮은 산들의 전망이 요양 환자들의 심신을 치유하는 자연 치유 프로그램도 구경하고

박 선생의 지인-은거 조각가 강 선생이 토굴에 판 부처들과 성인들이 돈황석굴을 연상케 하는 이상한 passion도 구경하고

늙은 학인이 늦은 점심을 민어 전문-'중앙횟집'에서 먹고 목포역에서 오후 4시 26분발 KTX를 타고 오송역에 도착하니 어둠이 내린 저녁 7시 반

늙은 학인이 BRT를 타고 다정동 정류장에 내리니 한뜰마을 6단지 아파트가 푸른 유리 궁전처럼 서 있는 세종의 밤

백운동 원림의 푸른 자연은 생명의 녹색이었으나 주상복합 디자인은 코발트블루로 화장을 하고 서 있는 세종의 밤

〉

―인생이 꿈과 같으니 그 기쁨이 얼마나 되겠는가浮生若夢 爲歡幾何

 늙은 학인이 이백의 '춘야연도리원서春夜宴桃李園序'의 구절을 환기하니 구수경 교수가 계산한 여행 분담금 302,400원이 그리 비싸지 않다는 생각

 ―"감기몸살 뒤끝에 영양도 맛도 좋은 음식에, 탄성을 불러일으키는 풍성한 볼거리에 몸도, 마음도 큰 위로를 받은 여행이었습니다. 무엇보다 여러분과 함께할 수 있어서 행복했습니다"

 구수경 교수의 휘날레 멘트에 늙은 학인의 부정맥 혈류는 어지럽고 발걸음은 위태했는데 한바탕 폭풍 같은 꿈의 여행에 마침표를 찍었구나

 늙은 학인이 국민연금 150만 원에 세종아파트 벽돌을 하나씩 부수어가면서 사는 경제 인생이지만 꿈과 꿈의 방랑길에서 다시 돌아갈 현실이 있다는 것도 아직은 축복

춘차국春車菊-기생초 몽상

 춘차국春車菊-기생초는 쿤링산맥의 설국이 원산인데 천산설련天山雪蓮과 함께 귀중한 약재라는 설명
 약리작용이 고지혈증과 당뇨를 치료하고 피부와 혈색을 좋게 하고 눈을 맑게 하고 수면을 편안하게 한다는 설명
 커피포트로 끓인 물을 마른 꽃에 부으니 진한 붉은 빛-루즈가 우러나는 느낌
 춘차국春車菊-기생초는 가는 줄기에 비단꽃 무늬를 두른 진홍의 꽃이니 일패의 기개와 정신을 가졌다는 느낌

 예술적 가치관과 프라이드가 다르기 때문에 과거나 현재나 일류와 삼류는 서로 섞이기 어렵다지
 타임머신-조선 시대 티켓이 없으니 왕궁에서 연주했던 일패 기생들을 친견할 수가 없다
 영락 기생-방석집 작부의 목포의 눈물과 젓가락 장단을 기예技藝라 말할 수도 없고
 퇴폐 기생-가요주점 도우미의 가슴 밀착 블루스를 춤이라 부르기도 뭐하고
 생각해보니 조선 최고의 시기詩技-황진이는 일패 기생이면서 다양한 남자와 스캔들이 있었으니 현대에 태어났

으면 한류 스타–celebrity가 되었을 것을

  늙은 학인은 그 옛날 인동시장–유랑극단 트럼펫과 아코디온을 따라가던 몽상 소년을 추억한다
  늙은 학인은 그 옛날 예쁜 소녀가 분장을 하고 가무歌舞를 공연하던 장면을 추억한다
  기생초 꽃말–'추억과 간절한 기쁨'이 늙은 학인을 바라보는 중
  세종시 금강 변 안개와 함께 핀 기생초–옛날의 그 소녀가 일패로 성공했는지 삼패로 무너졌는지 궁금하네
  늙은 학인이 생각하기에 옛날의 몽상 소년이 남들의 평가와는 상관없이 스스로 일패 시인이 되었는데 말이지

대전 부르스-세월이 보낸 폭풍

1.

미스 트롯과 미스터 트롯이 TV 프로그램으로 성공하더니 대전 부르스-열창이 무대를 수놓고 있네

트롯 리듬이 그리스 고전을 재해석한 르네상스처럼 21세기 한국에 유행하는 이유가 궁금하였지

K POP-BTS와 블랙 핑크가 미국으로 건너가 빌보드 차트를 휩쓸고 유튜브 조회 수는 세계정상에 우뚝 섰다지

탄허 선사가 미래는 한국 남자들이 여자들처럼 예뻐지고 한국 스타일이 바다 건너로 간다고 하더니 후천개벽-상전벽해의 서막인 모양

늙은 학인이 클래식과 가곡과 월드 팝까지만 듣고 뽕짝 가요를 듣는 것은 문청의 수치라 생각하던 시절도 있었는데 말이지

그러나 강제로 들려오는 대전 부르스-트롯 선율은 대전에서 자란 소년과 대전에서 청춘을 보낸 늙은 학인의 무의식에 문신처럼 새겨져 있지

대전 지하철이 생기면서 대전역에 도착하는 시그널로 대전 부르스가 흘러나오니 추억이 충남 도지사관사가 있

는 대홍동 뒷골목에서 도청을 향해 가다가 우회전해서 은행동 거리를 거쳐 60년대의 대전역 광장까지 걸어갔던 기억

포도주 같은 트로트의 리듬을 멋모르고 마신 몽상 소년이 대홍동 골목길을 방황하게 하던 대전 부르스의 기억

2.

대전 부르스 가사는 실화가 모티브였다는 이야기

1950년대 대전역에는 자정이 넘어가는 시각에 목포로 가는 대전발 0시 50분 열차를 타려는 사람들이 모여들었고 한 열차 승무원은 플랫폼에서 애절하게 이별하던 청춘 남녀를 발견했다는 이야기

그 광경을 지켜보던 열차 승무원은 훗날 이 장면을 노래 가사로 썼는데 그 승무원이 신신레코드 영업부장으로 변신한 최치수였다는 이야기

작사가 최치수는 김부해에게 작곡을 의뢰했는데 세 시간 만에 블루스 리듬의 대전 부르스가 탄생해 안정애 노래의 레코드가 공전의 히트를 기록했다는 이야기

〉

대전 부르스는 기라성-대형 가수들이 리바이벌했으니 많기도 해라

이미자, 나훈아, 문주란, 조미미, 이수미, 김정호, 조용필, 심수봉, 장사익 등의 대전 부르스를 들어보았으나 대형 가수들도 원곡의 시대 정서를 정확한 분위기로 리바이벌하기가 어려운 노래였지

엔카 가수-미후네가즈코三船和子의 번안 노래가 원창자 안정애의 정서와 가까워서 여러 번 들어보았지

엔카 가수-미즈모리 카오리水森かおり의 노래도 미녀 효과인지는 몰라도 들어볼 만하네

3.
지하철이 대전역에 도착하면 대전 부르스 멜로디가 도착을 알리고 있는 순간의 한 장면

늙은 학인은 회전목마처럼 굴러가는 일상에서 매일경제를 사고 커피 한잔을 마시고 서류 가방을 들고 서울행 KTX를 타고 갔던가

늙은 학인이 정년 후 3년 계약직으로 생계를 위한 출장을 가면서 회고하는 그 옛날 대전 부르스의 기억

채권과 주식시세를 들여다보고 있는 현실인이 기차 바퀴처럼 굴러간 세월을 물끄러미 들여다보고 있는 대전 부르스의 기억

기차는 제 시각에 도착하고 기차는 예정대로 출발했으니−대전 부르스가 죽음의 은유였음을 깨달았던 기억

인생 70년−시간의 플랫폼에서 대전 부르스가 다시 들리니 파노라마의 기억들이 대전시 대홍동 집 파란 대문에 걸려 있다

늙은 학인이 세종시 아파트 유리창에 흔들리는 구름 그림자를 바라보다가 세월이 보낸 폭풍이 있음을 알아차린다

늙은 학인은 정원의 단풍나무가 바람에 흔들리는 모습을 보다가 입학 소년과 졸업 노인이 같은 사람이었음을 문득 깨닫는다

늙은 학인이 세수하다가 얼굴을 드니 거울 속−홍안 소년이 백발노인의 현재를 물끄러미 바라본다

늙은 학인은 슬픔과 이별이 구천을 떠도는 귀신처럼 사라진 소멸−대전 부르스의 침묵을 듣는다

호랑이 토템 몽상

 수풀 속에 숨은 호랑이가, 인간의 목덜미를 물어뜯거나 발톱으로 배를 가를 수 있다는 공포가 신에 대한 경외심의 원천일 수 있다는 가설

 사바나의 나뭇가지에서 내려온 직립 원숭이는 포식자들이 남긴 동물의 사체로 연명했으니 포식자들은 인간의 조상을 기르는 존재이면서 인간의 조상을 먹는 존재였다는 가설

 원시인들의 집단 무의식은 수풀 속에 숨은 보이지 않는 존재의 기척을 온 힘을 기울여 느끼고 주목했으니—신은 인간의 눈에 보이지 않는 곳에 거처하는 존재였다는 가설

 인류의 조상들이 사자와 코끼리와 보아뱀과 호랑이와 곰을 토템으로 숭배해서 자신들을 길러온 자연의 신으로 경배했다는 가설

 배달민족의 토템은 곰이니 배달민족이 곰이 사냥한 동물의 사체를 먹고 자랐기에 환인 천제의 아들–환웅이 곰과 섹스해서 낳은 종족 환상 속에 있다는 가설

 사탄 교인은 에덴동산에서 이브와 섹스한 뱀선악을 가르친 외계인이 인류의 신이라 믿고 이를 토템으로 경외하

고 찬양한다는 이단 연구가들의 가설

  수풀 속에 숨은 위험한 힘호랑이를 경배하고 호랑이 등에 업혀 가도 정신을 차리면 살길이 있다는 생존전략과 호랑이 산신령을 숭배한 예맥濊貊과 고구려 족의 토템 몽상

  불안의 원천인 호랑이를 사냥해서 운명을 치료하려는 숲의 사제–사냥꾼의 사명과 인류를 호모데우스homodeus로 이끈 과학 토템에 대한 몽상

  죽음의 공포가 보이지 않는 존재–신비를 창조하고 세계의 제 일원인–신으로 기록해서 종족의 통치와 법의 근본으로 삼았다는 가설을 공부하는 늙은 학인의 토템 몽상

사의찬가–별유천지 비인간別有天地 非人間

화장터 인부가 소각로에서 죽은 자의 유골을 긁어모으자 육체라 불렀던 물질들이 빛과 소리로 불타 사라졌다
 정신이라고 명명했던 표지가 푸른 하늘의 연기로 올라갔다
 space–womb로 존재자–형상 에너지와 죽은 자–karma 에너지가 흘러갔다
 스페이스–양자 중력장에서는 별들의 부스러기–인간들이 태어나고 죽는 게임을 계속했다

별유천지 비인간別有天地 非人間의 강렬한 에너지는 시간을 한없이 빠르거나 느리게 하겠지
 이 별에서의 한 시간은 저 별에서 백 년–뫼비우스 길들은 은하의 블랙홀에서 은하의 화이트홀로 이어지겠지
 space는 로렌츠 변환에 의해 구미호처럼 몸을 뒤집을 수 있으니 space–환몽은 octav가 다른 시간에서 존재자–인간의 꿈을 다시 펼치겠지

사의찬가–염라대왕의 CCTV

옥좌에서 어둠의 신하들을 거느리고 space–빛의 시간을 흐르게 하거나 멈추게 하는 권력을 가진 염라대왕이 늙은 학인을 파견하는 몽상

인간 세상으로 내려가 네가 잃어버린 보물을 찾아오너라

늙은 학인이 은하철도–worm hole 여행 티켓을 끊은 후 타임머신–꿈과 함께 지구에 도착하는 몽상

염라대왕의 에이전트–늙은 학인이 꿈의 주식회사에 출근하면서 보물찾기 과업을 수행하는 몽상

염라대왕의 파견 감시인–해와 달과 별들이 CCTV의 감시 카메라처럼 늙은 학인의 일생을 녹화하는 몽상

염라대왕이 검은 옷에 눈이 붉고 코가 까마귀 부리처럼 생긴 저승사자를 시켜 공포영화–지구촌 지옥도를 보여주는 몽상

국가의 제도와 법과 윤리가 인간에게 목칼을 채운 흑승黑繩 지옥

자본시장의 탐욕과 욕망이 인간의 영혼을 태우고 있는 초열焦熱 지옥

우크라이나와 팔레스타인에서 미사일과 백린탄白燐彈이 우박처럼 쏟아지는 규환叫喚 지옥

튀르키예 지진 난민들이 추위와 기아로 신음하는 팔한八寒 지옥

지구촌-금융 불안과 스태그플레이션이 약자의 실직과 생계를 위협하는 무간지옥無間地獄

염라대왕이 늙은 학인의 일생이 녹화된 cctv를 보여주면서 보름달처럼 창백한 얼굴로 늙은 학인을 쳐다보는 몽상

-네가 잃어버린 보물이 무엇인지 아느냐

-제가 제 사명을 실패했으니 백번 죽어 마땅합니다

-삶의 꿈에 갇혀 있는 너의 참모습이니라

-죽음도 꿈의 세계이므로 너를 죽인들 너의 참모습은 해방이 불가하다 네 사명을 완수하지 못한다면 너는 몇 겁 동안 생사의 고통을 겪으리라

늙은 학인의 사명-현장의 대당서역기大唐西域記가 PET CT 사진처럼 투명하게 드러나는 몽상

늙은 학인이 multiplex 영화관–karma 대학의 재수강 판정을 받고 octave가 다른 시공간으로 출국하는 몽상

늙은 학인이 흉몽에서 깨어나니 금환일식金環日蝕–검은 태양의 corona가 메두사의 뱀처럼 노려보는 몽상

늙은 학인의 현생–남가일몽이 운주사 와불처럼 굳어서 세월의 풍찬노숙을 견디고 있는 몽상

자선 시론

계전오엽이추성(階前梧葉已秋聲)

*

70에 이른 시인 백수가 시에 관해 무슨 썰을 풀어야 하나? 심장의 불길로 눈이 불타는 이십 대도 아니고, 괴테나 가와바타 야스나리처럼 60대에 꽃피는 처녀에게 연정을 품는 특이체질도 아니고, 개인차가 있겠지만 전통 동양의학의 견해로는 여자는 6×8=48세에, 남자는 8×8=64세에 폐경이 온다(지금은 영양 상태의 호전으로 조금씩 늘어난 모양). 그래서 그런지 70에 이른 지금에는 에로스 때문에 괴롭지는 않다.

그러나 70에도 아름다움 때문에 괴롭기는 하다. 아름다움은 사물에 대한 육체의 에로스에서 출발하니 아마도 몸의 에로스는 머리로 올라가 잠복한 모양. 식물의 에로스

–생명력은 겨울의 뿌리에서 시작해 봄의 줄기와 이파리로 상승했다가 여름에 꽃을 피우고 가을에 잎을 떨어뜨린 후 겨울에 뿌리로 회귀한다. 이파리와 꽃을 피운 에로스는 대지 아래 뿌리로 잠복했을 뿐 사라진 것은 아니다. 생물로서의 인간도 마찬가지다. 식물과 동물은 음양(陰陽)이 반대이기에 시공간에 드러난 자세도 반대이다. 식물은 인간의 머리에 해당하는 뿌리가 땅에 있고 사지(四肢)의 가지와 생식기의 꽃은 하늘을 보고 있다. 그래서 식물의 겨울에 해당하는 인간의 노년에 에로스–생명력은 식물의 뿌리에 해당하는 머리로 간다는 생각. 인간의 머리에 남아 있는 에로스로 인해 아름다움에 대한 인식은 노년에도 사라지지 않는다는 생각.

*

플라톤의 향연을 빌려와 소크라테스–플라톤이 전개한 에로스에 대한 잡설을 인용해보자.

"에로스는 사람으로 하여금 아름다운 형상을 지각하고 사랑하는 단계에서 일종의 사다리를 올라가듯이 도처에서 모든 아름다운 형상들을 사랑하는 단계, 곧 법률과 제도의 아름다움, 다양한 학문의 아름다움, 아름다움의 학문을 사랑하는 단계로 나아가게끔 이끈다. 그러한 사람은 종국에 이르러 아름다움 그 자체, 적나라하고 특화되지 않은, 단순하고 영원한 아름다움을 파악하기에 이른다."

소크라테스–플라톤은 에로스의 상승–필리아(philia)와

크세니아(xenia)를 거쳐 아가페(agape)를 말하고 있으니 프로이트의 리비도의 승화(sublimation)보다는 고차원인 관념 해석이라는 생각.

*

플라톤의 이데아 이론이 니체 이후 포스트모던 사상가들에 의해 뒤집혔으니 실재(reallity)는 표현의 산물이라고 생각해보자. 그리스 시대의 플라톤은 천박한 재현인 예술을 경멸했으나 플라톤의 제자들인 중세의 성직자들은 신의 진리를 교회의 천장에 드러내기 위해 레오나르도 다빈치나 미켈란젤로 같은 예술가를 고용해야 했다. 신에 대해 평생을 공부한 교부들이 왜 스스로 종교의 진리를 형상화할 수 없는 것일까. '예술은 스스로 자신을 드러낸다.'고 하는 이론도 있는데 말이지. 이런 결과로 칸트 선생의 진(眞)은 예술가가 창조한 형상–미의식에 의해 자신을 드러내는 문제이기도 하다.

*

예술의 기원에 대한 여러 해석이 있지만 예술가의 고양된 정서와 인식은 샤먼과 종교 수행승들의 비전 행위(환각)와 비슷하다. 융 심리학에 의하면 예술가와 사제는 내면의 아니마(Anima)나 아니무스(Animus)의 음성을 듣는 사람인데 그 내면의 목소리가 심혼(心魂)–데몬(Demon)의 목소리로 발전한 사람들이 위대한 종교가나 사상가 예술가가 된다. 아니마가 개인적인 심혼이라면 데몬(denon)은 보다 공적이고 집단적인 삶의 지혜와 정열에 관여하는 천재의 심혼이라 정의되기도 한다. 예술 표현은 라깡의 관점으로는 우주–대타자의 욕망이 주체의 발화–표현을 통해 드러난 것이고 동양 시학의 관점으로는 하늘의 질서가 인간의 성정(性情)으로 드러난 것이니 예술가의 환상을 개인의 사적 환상으로 치부할 수 없는 이유가 된다.

*

늙은 학인의 생각에 아름다움의 예술은 일상적 상태의 의식을 바꾸는 정신의 흥분을 목표로 한다. 여기에 이성과 사실의 객관 지평으로 만족하지 못하는 인간의 미묘한 감정이 있다. 진화심리학으로 볼 때 일견 낭비로 보이는 감정–아름다움이 사실은 외부세계에서의 빠른 생존 대응과 사회관계의 협력을 목표로 공감 능력을 강화한 수단이라는 해석이 있다. 인간 정신의 흥분과 공감은 대상을 순간적인 직관으로 파악해서 그 실체를 알아차리는 과정인데 외부세계와 내부세계의 인식 지평을 넓히는 일–이 아름다움의 기쁨이 예술의 근거가 된다.

*

시가무(詩歌舞)가 리듬에 의해 관통되고 있다는 동양의 예술관이 있다. 시는 운율에, 노래와 춤은 박자에 의지하고 있으니 인간의 무의식에서 솟구치는 리듬은 실제로는 자연의 일부인 인간이 세계를 이해하는 방식의 하나이다. 우주의 율려(律呂)-사계절의 변화는 인간의 생로병사에 대응하고 인간의 오욕칠정과 생명 에너지의 원천이 된다. 감정 에너지는 무의식의 깊은 지하 동굴에서 솟구쳐 꿈과 환상의 이미지들을 띄워 예술가의 일생을 관통해서 죽음까지 흘러간다.

*

은유와 알레고리는 작가가 정교하게 고안한 메시지-사물과 사물 사이의 창의적 관계를 드러낸다. 은유와 알레고리는 철학과 예술 심지어 과학에서도 작가가 중요한 생각을 드러내고자 할 경우 포기할 수 없는 도구로 사용해왔다. 은유와 알레고리는 기호-사건의 관계를 정의하기에 수학의 방정식에 비유할 수 있다. 수학자가 새로운 방정식을 고안해도 실제의 현실 운동으로 증명되지 못하면 무의미한 방정식이 된다. 마찬가지로 작가가 창안한 기호 공간-상상도 인류의 문화 환경-밈(meme)에 의해 수용되거나 재사용되지 않으면 공허한 문장이 된다.

*

문학의 기원이 신과 영웅의 위대한 스토리였듯이 보르헤스는 밈(meme)으로서의 예술과 문학이 인류의 원형 주제(사랑과 죽음, 실낙원, 극락-천국으로의 복귀, 미천한 자가 운명의 힘으로 위대한 영웅이 되기 등)를 다루지 않으면 독자의 마음을 매혹할 수 없다고 보았다. 태초의 위대한 이야기-영웅 신화는 지금은 21C 버전으로 다시 각색되어서 영화관에서 상영되고 있다. 인간의 삶이 가상이라는 영화-matrix도 키아누 리브스가 소명에 의해 인류를 구원하는 영웅으로 탄생하는 스토리이니 불교의 공(空)-삼세를 방황하는 오딧세이아의 자기실현 이야기이다. 정보의 폭발이 일어난 21C에는 독자의 학력과 지식의 수준이 작가보다 오히려 더 뛰어난 문화 환경이 되었다. 독자가 의문 사항이 있으면 구글 검색으로 금방 조회할 수 있는 시대이기에 고급 독자는 작가가 기호 놀이에만 치중하거나 작가의 빈약한 사유가 반영된 천박한 문장은 다시 읽지 않는 선택으로 보복한다.

*

늙은 학인이 비행기에서 지상을 내려다보면 인간의 도시 문명들은 가이아의 암세포처럼 보인다. 지구 정원의 인간은 결국 생명의 바다에서 태어나 생명의 바다로 돌아가는 존재의 포말이다. 지구 생태계에서 인류의 세포 총량(무게)은 지구 생명 전체 총량의 0.1%도 안 된다고 한다. 인류의 밈(meme)-국가, 법률, 시장, 종교와 예술과 과학 등 분화는 자연이 생존전략으로 진화시킨 뇌의 자의식-과도하게 부푼 뇌 안의 가상 스토리에 불과하다. 인간은 식물과 동물과 마찬가지로 생명의 영원회귀 속에 있다. DNA가 생명 역사를 쓰기 시작한 30억년 동안 약 5억 종의 생명이 일어났다가 멸종하고 현재는 약 5천만 종이 지구에서 삶과 죽음을 되풀이하고 있다고 한다. DNA 문법에 따라 모든 생명은 지구의 양피지에 쓰였다가 죽어 대지로 돌아간다. 인류의 문화도 마찬가지. 인류의 미래에 대한 불안과 더불어 인간의 불행에 대해 개체가 우주에서 처한 위치–이런 스토아적인 자세가 위안이 될 수도 있다.

*

'소년은 늙기 쉽고 공부는 이루기 어렵다. 일 촌의 짧은 시간이라도 헛되이 보내지 말라. 연못가에 핀 꽃들이 봄 꿈에서 깨기도 전에 계단 앞 오동나무는 이미 가을을 알리나니 (少年易老學難成 一寸光陰不可輕 未覺池塘春草夢 階前梧葉已秋聲).' 주자의 권학문을 보았던 대학 시절에는 가을이 먼 인생이었으므로 이 시의 의미가 실감이 없었다. 가을을 지나 겨울에 들어선 현재는 이 시의 무게가 천금으로 다가온다. 은퇴 백수의 전공도 아니었고 대가 선생들의 길 안내도 없이 혼자 공부하긴 했으나 스스로 시를 공부하는 학인이라 생각한 지난 세월이었으니.

*

모범으로 삼았던 시인들의 시가 더 이상 모범이 아니었을 때, 과거에 잘 썼다고 생각한 습작 시들이 수준이 안

된 시였음을 알았을 때, 시 공부는 진척이 된 증거일까? 20~30대에는 시단에 먼저 진출한 동년배 시인들의 화려한 수사들이 부럽던 때도 있었는데 지금은 그런 감정이 없다. 독자가 많든 적든 본인 스타일의 시가 확립되고 나서다. 경탄할 수 있는 시가 사라진 것은 슬프기도 하고 기쁘기도 하다.

*

진부한 낭만시라고 생각했던 괴테와 셰익스피어의 시가 다시 보이고 이하(李賀)와 서곤파(西崑派)의 시들이 현대 중국의 몽롱시나 우리나라 젊은 시인들의 언어 감각에 닿아 있는 것도 보이니 시를 제법 많이 읽어 본 것일까? 아직 경이롭게 읽을 수 있는 보르헤스의 시편들도 있으니 더 공부할 수 있는 희망이 남아 있는 것일까?

석가가 임종 직전에 제자들에게 한 최후 설법은 '비구들아, 세계가 제행무상(諸行無常)의 불타는 무명(無明) 속에 있다. 공부할 시간이 길지 않으니 자신에 의지하고 법(法)의 진리에 의지해서 쉬지 말고 정진하라'였다. 주자 같은 대재(大才)와 석가 같은 대 천재도 불철주야의 정진을 말했는데 부양가족의 생계를 핑계로 공부를 게을리 한 늙은 학인은 부족한 근기와 재능의 지난 70년 세월을 탄식할 수밖에.